우리나라와
인도네시아의
고인돌연구

우리나라와 인도네시아의 고인돌 연구

2013년 10월 15일 초판 1쇄 인쇄
2013년 10월 20일 초판 1쇄 발행

지은이 우장문
펴낸이 권혁재

편집 박현주 · 오미선 · 조혜진
출력 엘렉스출력센터
인쇄 한영인쇄

펴낸곳 학연문화사
등록 1988년 2월 26일 제2-501호
주소 서울시 금천구 가산동 371-28 우림라이온스밸리 B동 712호
전화 02-2026-0541~4
팩스 02-2026-0547
E-mail hak7891@chol.net

ISBN 978-89-5508-305-7 93910
ⓒ 우장문, 2013
협의에 따라 인지를 붙이지 않습니다.

책값은 뒷표지에 있습니다.
잘못된 책은 바꾸어 드립니다.

우리나라와 인도네시아의 고인돌 연구

우장문 지음

학연문화사

책을 내면서

1980년 여름, 대학교 초년생으로 처음 대학박물관에 갔을 때 해골이 있다는 이야기를 듣고 무서워 가까이 다가가지도 못하면서 시작했던 인연이 벌써 33년이 흘렀다. 고인돌만 보면 무슨 애인이라도 만난 듯 즐겁게 뛰어다니다 보니 30년이 훌쩍 넘어버렸다.

그간 『화성시의 선사문화』, 『경기지역의 고인돌 연구』, 『세계유산 강화고인돌 탐방』(공저) 등을 저술하면서 우리나라 고인돌에 대한 관심을 가지고 현직 교사라는 한계를 안고 나름 열심히 연구에 매진해왔다.

이번 책은 우리나라의 고인돌 연구 범위를 벗어나 중국과 인도네시아까지 넓혔다는 데 그 의의를 두고 싶다.

1장의 '우리나라 고인돌의 연구 현황과 과제'는 지금까지 공부를 해오면서 느끼고 생각했던 바를 간단히 정리해 보았으나 모자람이 많다.

2장의 '고인돌 사회의 사유에 관한 연구-덮개돌의 굼(홈구멍)을 중심으로'는 『선사와 고대』에 실렸던 내용을 보완한 것이다. 이 글은 한반도와 만주지역의 굼 고인돌을 나름대로 정리하기에 심혈을 기울였다.

3장의 '한반도와 만주지역의 탁자식 고인돌 고찰'은 『백산학보』에 실렸던 것으로 탁자식 고인돌의 덮개돌 두께와 분포 현황, 탁자식 고인돌을 만드는 과정에 대한 기존 이론의 문제점을 지적하고 새로운 방안을 제시하였다.

4장은 '인도네시아'라는 제목으로 인도네시아를 전반적으로 간단히 소개하였다. 이 글을 쓴 목적은 5장의 '인도네시아 숨바섬의 고인돌'을 보기에 앞서 인도네시아를 이해하는 데 도움이 될 것으로 생각하여 끼워 넣었다.

5장의 '인도네시아 숨바섬의 고인돌'은 『백산학보』에 실렸던 내용을 일부 수정한 것으로 2010년 여러 고고학자들이 중심이 되어 우리나라의 전문가들이 처음으로 조사했던 내용을 내 나름대로 정리한 것이다.

이러한 내용을 엮어서 책을 내게 되는 데에는 많은 분들의 도움이 있었기에 가능했다.

우선 고고학자의 길을 몸소 보여주고 지금까지도 많은 가르침을 주시는 한국선사문화연구원 이융조 이사장님과 어려운 시절 많은 도움을 주셨던 사모님(안정식)께 깊은 감사를 드린다. 그리고 항상 맏형 역할을 하면서 많은 도움을 주신 한국선사문화연구원 우종윤 원장님, 많은 배려로 도움을 주고 고고학자로의 모범을 보여주는 세종대 하문식 교수님, 대학 때부터 고생을 같이했던 김석훈, 박문숙선생님께도 감사를 드린다. 그리고 고고학 연구를 지속할 수 있도록 도움을 주신 김정배·최홍규·이재범 교수님께도 감사의 인사를 드린다.

또, 이 책을 만드는 데 많은 배려를 아끼지 않은 단국대학교 이성규 교수님, 인하대학교 서영대 교수님, 인하대학교 복기대 교수님께도 깊은 감사의 말을 드리고 싶다. 그리고 논문을 마무리하는 과정에서 항상 도움을 준 김건, 최종문, 박승면님께도 고마움을 전한다.

출판업계의 불황에도 이 책을 내도록 해주신 학연문화사 권혁재 사장님, 책을 예쁘게 디자인해준 박현주님께도 감사를 드린다.

지금 내가 있을 수 있었던 것은 음으로 양으로 많은 격려와 도움을 아끼지 않은 우경문, 우경순, 우찬문, 우창문, 우창순 님과 나를 위해 진학을 포기해야 했던 동생 우장숙 님이 있었기에 가능했다고 생각한다.

그리고, 늦은 귀가와 답사로 집을 제대로 지키지 못함에도 꿋꿋하게 참아준 아내 박정안과 힘들 때 나를 웃음짓게 해준 우아영, 우윤명, 우아란 사랑한다.

마지막으로 열심히 살아가는 막내아들을 하늘에서 웃으면서 보고 계실 아버지 우동열님과 50이 넘은 아들에게 감당할 수 없을 만큼의 사랑을 쏟으시는 어머니 신석순님께 존경하고 감사하는 마음으로 이 책을 드린다.

2013. 10. 1
우장문

* 이 책은 한국학중앙연구원의 지원(AKS-2007-GC-2001)이 있었기에 가능했고 연구하면서 행복을 느낄 수 있었다. 연구 범위를 넓히고 몰두하는 데 지원을 아끼지 않은 관계자님들께 감사를 드린다.

목 차

1 우리나라 고인돌의 연구 현황과 과제
  Ⅰ. 머리말 | 13
  Ⅱ. 고인돌 연구 왜 중요한가? | 14
  Ⅲ. 고인돌의 연구 현황 | 19
  Ⅳ. 고인돌 연구의 필요성 | 30
  Ⅴ. 고인돌 연구 과제 및 제안 | 34
  Ⅵ. 맺음말 | 37

2 고인돌을 만든 사람들의 사유에 관한 연구
  − 덮개돌의 굼(홈구멍)을 중심으로 −
  Ⅰ. 머리말 | 51
  Ⅱ. 연구 동향 | 53
  Ⅲ. 고인돌에 만들어진 굼의 특징 | 57
  Ⅵ. 주요 유적 | 84
  Ⅴ. 맺음말 | 101

3 만주와 한반도 지역의 탁자식 고인돌에 대한 고찰

 Ⅰ. 머리말 | 109

 Ⅱ. 탁자식 고인돌의 분포 | 112

 Ⅲ. 탁자식 고인돌의 특징 | 127

 Ⅳ. 탁자식 고인돌의 기능 | 140

 Ⅴ. 탁자식 고인돌의 전파 경로 | 148

 Ⅵ. 맺음말 | 151

4 인도네시아는?

 Ⅰ. 머리말 | 161

 Ⅱ. 자연 환경 | 162

 Ⅲ. 역사 | 164

 Ⅳ. 정치와 경제 | 172

 Ⅴ. 사회와 문화 | 175

5 인도네시아 숨바섬의 고인돌

 Ⅰ. 머리말 | 185

 Ⅱ. 숨바섬의 개관 | 187

 Ⅲ. 숨바섬의 고인돌 | 212

 Ⅳ. 맺음말 | 236

1

우리나라 고인돌의
연구 현황과 과제

Ⅰ. 머리말

우리나라 고인돌은 청동기시대를 대표하는 것은 물론이고 선사시대 전반으로 보아도 가장 대표적인 문화유산이라고 할 수 있다. 또 세계적으로도 선사시대의 유적 가운데 가장 주목받는 유적이기도 하다. 그 이유는 40,000여 기의 고인돌이 한반도에 밀집해 있는 것은 물론이고 다양한 형태의 구조와 거대한 규모, 분포상의 특징, 껴묻거리 등으로 인하여 당시 사회를 추정할 수 있는 소중한 문화유산이기 때문이다.

고인돌은 선사시대의 사회구조는 물론이고 선사시대의 문명 흐름을 밝힐 수 있는 중요한 유산이기도 하다. 특히 요즈음 많은 관심을 끌고 있는 중국의 우리 역사에 대한 왜곡을 바르게 밝힐 수 있는 중요한 단서를 제공하기도 하는 것이다. 그 이유는 고인돌이 고조선의 영역을 연구하는 데 가장 중요한 유적 중의 하나로 꼽히기 때문이다.

우리나라의 고인돌은 중요도에 비하여 고인돌만을 전문적으로 연구하는 학자와 연구소가 그리 많지 않은 것이 현실이다. 따라서 체계적인 연구가 이루어지지 않아 많은 혼란을 겪고 있는 것 또한 사실이다. 이를 올바르게 규명하기 위해서는 이 연구에 매진할 수 있는 구조화된 기구와 많은 전문가들이 양성되었을 때 가능할 것으로 생각된다.

이 글에서는 우리나라의 고인돌 연구 현황 및 연구 필요성 등에 대하여 간단하게 살펴보겠다.

Ⅱ. 고인돌 연구 왜 중요한가?

우리 선조들이 남겨준 유산 중에 가장 위대한 문화재로 손꼽히는 것 중의 하나를 고인돌이라고 할 수 있다. 우리나라의 고인돌은 지구상에서 가장 조밀한 분포를 보이는 것은 물론, 가장 큰 규모를 자랑하기도 하고, 수천 년이 흘렀지만 그 형태를 잘 유지하고 있다. 뿐만 아니라 껴묻거리를 통하여 당시의 사회와 문화상을 이해할 수 있는 단서를 제공함은 물론이고, 덮개돌에 새겨진 홈구멍性穴을 통하여 고인돌을 만든 당시 사람들의 풍습이나 사상을 이해할 수 있는 흔적을 담고 있기도 하다.

또한 고인돌은 무덤의 기능을 주로 하고 있기 때문에 당시의 주검에 대한 의식이나 매장하는 풍습을 보여주기도 하여 고인돌 사회의 문화와 사회상을 파악할 수도 있다. 즉 고인돌은 당시의 사회·문화적인 측면과 믿음까지도 살펴볼 수 있는 아주 소중한 유산이다.

이러한 여러 가지 이유로 우리나라의 화순, 고창, 강화 고인돌이 세계 고인돌 중 유일하게 2000년 12월에 세계유산으로 등재되어 그 가치를 국제적으로 인정받게 된 것이다.

고인돌이 일찍부터 주목을 받았던 이유는 비교적 높은 곳에 위치하여 주변을 관망할 수 있으면서도 은율 관산리, 강화 부근리, 개주 석붕산 고인돌 등과 같이 높은 굄돌을 이용하여 먼 곳에서 위엄있게 보임은 물론, 화순 핑매바위 고인돌이나 고창 운곡리 고인돌은 200여 톤에 이르는 거대함을 자랑하기 때문이다. 이런 고인돌이 현재까지 비교적 잘 남아 있을 수 있었던 중요한 이유는 예로부터 큰 바위를 섬기던 전통은 물론 잘 만들어진 고인돌을 신성하게 여기어 주변 사람들이 섬기는 대상으로 삼았었기 때문이다. 실제로 지금도 고인돌을 신성시하여 섬기고 있는 모습은 여러 곳에서 쉽게 찾아볼 수 있다. 특히 요령성의 개주 석붕산 고인돌 주변에는 향불이 꺼질 날이 없을 정도로 지금도 많은 사람들이 숭배 대상으로 삼고 있다.

고인돌의 수는 세계 어느 나라에서도 찾아 볼 수 없을 정도로 많아서 한반도에 분포한 것만도 40,000기 이상에 이르고 있다. 동일 문화권인 요령성과 길림성 지역의 고인돌은 물론이고, 일본이나 인도, 유럽 여러 나라의 모든 고인돌을 모두 합한 것보다도 한반도에 위치한 고인돌이 훨씬 많을 정도로 우리나라 곳곳에는 엄청난 수의 고인돌이 분포하고 있다. 이러한 고인돌을 통해서 우리 선조들의 큰 돌을 섬기는 전통은 물론이고 돌을 다듬는 뛰어난 기술과 과학적인 건축술을 확인할 수 있다.

특히 고인돌은 과거의 사회구조와 문화를 이해할 수 있게 해주는 중요한 문화재이다. 덮개돌의 크기나 무게를 통하여 당시의 사회 규모를 이해할 수 있게 해주기 때문이다. 예를 들면 강화도 부근리의 대형 고인돌은 덮개돌이 52톤 정도에 이르는데 이를 축조하기 위해서는 500여 명이 필요한 것으로 추정하고 있다. 이는 500여 명을 동원시킬 수 있다는 권력을 가지지 않고서는 만들기가 불가능한 것이다. 결국 대규모의 노동력을 동원시킬 능력이 있는 계급이 등장했음을 알 수 있고, 500여 명이 동원될 수 있었다면 5인 가족을 기준으로 계산하면 2,500명 정도가 주변에 살았다는 것도 추정할 수 있어서 커다란 세력을 가진 지배자의 무덤이거나 아니면 제단의 기능을 했었음을 짐작하게 한다. 물론 고창 고인돌과 같이 수백기의 고인돌이 한 곳에 모여 있거나 충북 황석리나 강화도 오상리 고인돌과 같이 비교적 작은 규모의 고인돌이 아주 가까운 거리에 위치하는 경우에는 지배자의 무덤만으로 단정하기 어렵고

공동묘지나 가족의 무덤 등으로의 추정도 가능하다고 볼 수 있다.[1]

한반도에는 수백기의 고인돌에 홈구멍이 만들어져 있기도 하다. 홈구멍을 만드는 방법은 물론이고 이것을 왜 만들었는지에 대한 의구심은 아직도 확실히 풀리지 않았다. 별자리의 용도로 만들었을 것이라는 주장도 많지만 풍년을 기원하거나, 자식을 낳게 해달라든가, 병을 고치게 해달라는 기원의 과정에서 만들어진 것이라는 등 여러 주장이 나오고 있지만 확실히 무엇이라고 단정할 수는 없다. 이는 우리에게 남겨진 당시의 풍습에 대한 커다란 수수께끼임에 틀림없다.[2]

우리나라의 고인돌은 형태 또한 매우 다양하다. 표면적으로는 탁자식, 개석

---

[1] 덮개돌의 운반 등에 관하여 연구한 우리나라의 학자는 다음과 같다. 이융조, 1975, 「양평 앙덕리 고인돌 발굴 보고」, 『韓國史研究』 11 : 임세권, 1976, 「한반도 고인돌의 종합적 검토」, 『白山學報』 20 : 최몽룡, 1977, 「나주 보산리 지석묘 발굴조사 보고서」, 『韓國文化人類學』 9 : 지건길, 1983, 「지석묘사회의 복원에 관한 일고찰」, 『梨花史學研究』 13·14 : 최성락·한성욱, 1989, 「지석묘 복원의 일례」, 『全南文化財』 2 : 하문식, 1997, 「동북아세아 고인돌 문화의 연구」, 숭실대학교박사학위논문 : 하문식·김주용, 2001, 「고인돌 덮개돌 운반에 대한 연구-원격 탐사와 지리정보시스템 분석 방법을 중심으로-」, 『韓國上古史學報』 34 : 하문식, 2008, 「고인돌의 축조에 관한 문제」, 『白山學報』 79.

[2] 홈구멍에 관하여 관심을 가진 우리나라 학자는 다음과 같다. 황용훈, 1972, 「양주 금남리 지석묘 조사보고」, 『慶熙史學』 3 : 이융조, 1975, 「양평 앙덕리 고인돌 발굴 보고」, 『韓國史研究』 11 : 김병모, 1981, 「한국 거석문화 원류에 관한 연구Ⅰ」, 『韓國考古學報』 10·11 : 이융조, 1981, 「청원 아득이 유적의 선사무덤 문화」, 『한국의 선사문화-그 분석연구』, 탐구당 : 장명수, 1995, 「한국 암각화의 편년」, 『韓國 岩刻畵의 世界』, 한국역사민속학회 : 김동일, 1996, 「별자리가 새겨진 고인돌무덤에 대하여」, 『고고연구』 3 : 이준걸, 1996, 「단군조선의 천문지식은 고구려천문학의 기초」, 『조선고고연구』 3 : 김일권, 1998, 「별자리형 바위구멍에 대한 고찰」, 『古文化』 51 : 송화섭, 2001, 「고인돌 암각화의 생성 배경과 상징성 연구」, 『백산학보』 59 : 박창범, 2002, 「하늘에 새겨진 우리 역사」, 김영사 : 유태용, 2003, 『韓國 支石墓 研究』, 주류성 : 우장문, 2008, 「고인돌을 만든 사람들의 사유에 관한 연구」, 『선사와 고대』 29 : 양홍진·복기대, 2012, 「중국 해성 고인돌과 주변 바위그림에 대한 고고천문학적 소고」, 『東아시아古代學』 29.

식, 바둑판식(기반식), 위석식 등으로 크게 분류하기도 하지만, 그 무덤방 구조를 보면 더욱 다양한 형태들이 나타나고 있다. 탁자식은 북방식이라고도 해오던 것으로 3~4개의 굄돌支石을 이용하여 무덤방을 만들었으며, 주검을 안치하는 부분이 대부분 지상에 위치한 것이다. 바둑판식은 기반식基盤式이라고도 하는 것으로 주로 남부지방에 분포하고 일본 규슈지역이나 동남아 지역에도 일부 분포하고 있다. 개석식은 우리나라 전역에 걸쳐 가장 많이 분포하는 것으로 한반도는 물론 요령과 길림 지역에도 보인다. 위석식은 제주도에 많다고 하여 제주도식이라고도 부르는데, 굄돌을 덮개돌 밑을 돌아가면서 빼곡히 세워서 받치는 형태이다.[3]

현재의 시점에서 무엇보다도 고인돌의 연구가 중요한 이유 중의 하나는 중국의 역사 왜곡에 대항할 수 있는 아주 명백한 사료가 될 수 있다는 점이다. 고인돌은 중국 선조들의 문화유산이 아니라 우리 민족이 남긴 문화유산에 틀

---

[3] 형식 분류에 대하여 언급하거나 연구한 우리나라 학자는 다음과 같다. 손진태, 1934,「조선 돌멘(Dolmen) 考」,『開闢』1 : 한흥수, 1935,「조선의 거석문화연구」,『震檀學報』11 : 도유호, 1959,「조선거석문화연구」,『문화유산』2 : 임병태, 1964,「한국지석묘의 형식과 연대문제」,『史叢』6 : 황기덕, 1965,「무덤을 통해 본 청동기시대의 사회관계」,『고고민속』4 : 김재원·윤무병, 1967,『韓國支石墓研究』, 국립박물관 : 이은창, 1968,「부여 은산 계곡리 형제암 지석묘 조사」,『考古美術』9 : 한병삼, 1973,「청동기시대 : 묘제」,『韓國史』, 국사편찬위원회 : 김원룡, 1974,『한국의 고분』, 교양국사총서 2 : 임세권, 1976,「한반도 고인돌의 종합적 검토」,『백산학보』20 : 최몽룡, 1978,「전남지방소재 지석묘의 형식과 분류」,『歷史學報』78 : 석광준, 1979,「우리나라 서북지방 고인돌에 관한 연구」,『고고민속 논문집』7 : 지건길, 1982,「동북아시아 지석묘의 형식학적 고찰」,『韓國考古學報』12 : 심봉근, 1983,「묘제Ⅰ ; 지석묘」,『韓國史論』, 국사편찬위원회 13 : 하문식, 1985,『우리나라 고인돌 문화의 연구』, 연세대학교석사학위논문 : 김약수, 1986,「금호강유역의 지석묘연구」,『人類學研究』3 : 노혁진, 1986,「적석부가 지석묘의 형식과 분포」,『한림대 논문집』4 : 이영문, 1993,『전남지방 지석묘 사회의 연구』, 한국교원대학교박사학위논문 : 유태용, 2001,『한국 청동기시대 지석묘사회의 연구』, 한양대학교박사학위논문 : 서국태, 2005,「고조선의 중심지와 령역-고인돌 무덤을 중심으로-」,『단군과 고조선 연구』, 지식산업사.

림없다. 분포 범위가 한반도를 중심으로 그 주변에 위치하고 있는 것은 물론이고, 출토되는 유물도 한반도의 그것과 거의 일치하며, 고인돌의 형태도 요령이나 길림지역의 것과 아주 유사하기 때문이다. 특히 탁자식 고인돌이 분포하는 범위는 고조선의 영역과 거의 일치하고 있어서 많은 시사점을 제공하고 있다. 중국의 무덤 양식과는 차이가 확실하며 고인돌 출토 비파형동검이나 미송리식토기 등은 고조선 영역 밖에서 출토되는 중국의 동검이나 토기와 뚜렷한 차이가 있어서 중국이 소위 동북공정의 일환으로 우리의 고조선뿐만 아니라 고구려, 발해의 영역도 모두 중국의 역사라는 주장에 확실하게 반론을 펼 수 있는 아주 중요한 유산임에 틀림없다.

이렇게 중요한 유산임에도 고인돌에 대한 연구가 체계적으로 연구되지 않아서 앞으로 해결해야 할 문제들이 산재해 있다. 그 중에서 가장 핵심적인 것이 고인돌이 과연 어디에서 시작이 되었느냐는 것이다. 현재는 한반도에 고인돌이 집중되어 있으며 그 형태도 다양한 점을 들어 한반도가 그 중심이라는 자생설, 북방의 돌널무덤에 영향을 받아 고인돌이 만들어졌다는 북방기원설, 벼 재배 기술과 함께 바다를 통하여 중국의 해안가 쪽을 거슬러 올라가 면서 우리나라에 영향을 주었다는 남방기원설 등이 있다. 기원 문제를 확실하게 규명한다면 중국의 동북공정을 좀 더 명확하게 비판할 수 있는 중요한 자료가 될 것이다.

그리고, 고인돌은 청동기시대에 주로 만들어진 축조물임에는 큰 이견이 없으나 그 기원은 신석기시대부터 만들어진 것으로 보는 학자들도 많이 있어 그 기원 문제 또한 풀어야 할 중요한 과제이다. 방사성탄소연대측정에 의하여 신석기시대까지 올라가는 흔적이 나오지만 기존의 많은 학자들은 이를 부정하고 있어 좀 더 많은 유물과 이를 바탕으로 심도 있는 연구가 진행되어야 할

것이다.[4]

고인돌의 연구는 많은 점에서 중요하지만 특히 그 기원을 규명한다면 올바른 고조선의 연구에도 매우 큰 도움이 될 것이다.

고인돌은 쟁점이 되는 역사 문제를 규명하는 데도 매우 중요한 유적이지만 우리나라 선사시대의 사회와 문화를 좀 더 실제적으로 밝히는데 크게 기여할 것이기에 보다 다양한 방법으로 깊이 있게 접근해야 할 것이다.

Ⅲ. 고인돌의 연구 현황

고인돌에 대한 기록으로 가장 오래된 것으로는 기원전 32년 중국의『漢書』와 약 200여 년 후의『三國志』기록을 들 수 있다.

後漢의 班固가 지은『漢書』卷二十七 五行志七에는 다음과 같은 기록이 있다.

---

[4] 고인돌이 만들어진 시기가 신석기시대부터임을 주장한 연구자들은 다음과 같다. 손진태, 1934,「朝鮮 돌멘(Dolmen) 考」,『開闢』창간호 : 한흥수, 1935,「조선의 거석문화연구」,『震檀學報』3 : 이융조, 1975,「양평 앙덕리 고인돌 발굴보고」,『韓國史研究』11 : 윤무병, 1975,「한국 묘제의 변천」,『충남대 인문과학논문집』11 : 임세권, 1976,「한반도 고인돌의 종합적 검토」,『白山學報』20 : 박희현, 1984,「한국 고인돌 문화에 대한 고찰」,『韓國史研究』46 : 하문식, 1985,『우리나라 고인돌 문화의 연구』, 연세대학교석사학위논문 : 이형구, 1987,「발해연안지구 요동반도의 고인돌 무덤 연구」,『精神文化研究』32 : 우장문, 2004,『경기지역의 고인돌 문화 연구』, 경기대학교박사학위논문.

> 孝昭元鳳三年正月 泰山萊蕪山南 匈匈有數千人聲 民視之 有大石自立 高丈五尺 大
> 四十八圍 入地深八尺 三石爲足 石立處 有白鳥數千集其旁

원봉元鳳 3년(기원전 32)의 기록인 이 내용은 고인돌을 표현하고 있음에 틀림없다. 5척의 높이로 세워졌으며, 세 개를 세워졌다는 것은 굄돌을 묘사하는 것으로 보여 전형적인 탁자식 고인돌을 설명하고 있는 것이다.

조금 후대의 기록으로는 『三國志』魏書 卷八 二公孫陶四張傳八 公孫陶條가 있는데 여기에는 다음과 같이 기록하고 있다.

> 初平元年……時襄平延里社生大石 長丈餘 下有三小石爲之足 或謂度曰 此漢宣帝
> 冠石之祥 而里名與先君同

초평初平 원년元年(190)에 지금의 요양遼陽인 양평현襄平縣에 큰 고인돌이 있었음을 언급한 것이다. 특히 '下有三小石爲之足'은 『漢書』에 등장하는 문구와 마찬가지로 탁자식 고인돌의 굄돌을 묘사하고 있으며, 관석冠石은 탁자식 고인돌 모양을 잘 묘사한 내용이다.

우리나라의 고인돌에 관한 기록은 고려시대에 처음 나타난다.

고려시대 이규보의 『東國李相國集』卷二十三 南行月日記(A.D. 1200)에는 다음과 같은 내용이 기술되어 있다.

> 明日 將向金馬郡 求所謂支石者觀之 支石者 俗傳古聖人所支 果有奇迹之異常者

이 글에는 지석支石이란 용어가 구체적으로 등장함으로써 고인돌을 의미함을 확실히 알 수 있다.

고인돌에 대한 기록은 이후 한말의 서양인들이 단편적으로 소개한 경우가 있으며, 일제강점기부터 본격적으로 소개되고 조사되기 시작하였다.

이렇게 일찍부터 주목받을 만큼 중요성에 걸맞게 많은 고인돌이 조사·발굴되었고, 선사시대를 공부하는 사람이라면 한 번씩은 고인돌에 대해서 관심을 갖게 만드는 매력 있는 유산이다. 그러나 고인돌만을 전문적으로 연구하는 학자는 그리 많지 않은 것이 현실이다. 현재 우리나라의 고인돌에 대한 연구를 가장 활발하게 전문적으로 연구하는 학자는 이영문[5]과 하문식[6]을 꼽을 수 있다. 이들은 각각 전라도 지역과 고조선 지역의 고인돌을 중심으로 학위를 받은 이후로 그 지역에 대한 연구를 꾸준히 진행하고 있다.

이 외에도 우리나라 고인돌 연구에 관여했던 학자로는 손진태[7], 도유호[8],

---

5) 이영문, 1993, 『전남지방 지석묘 사회의 연구』, 한국교원대학교 박사학위논문 ; 1999, 「중국 절강성지역의 지석묘」, 『문화사학』 11·12·13 ; 2002, 『韓國 靑銅器時代 硏究』, 주류성 ; 2004, 「세계문화유산속의 한국고인돌」, 『세계 거석문화와 고인돌』, 동북아지석묘연구소 ; 2007, 「韓國 支石墓의 特徵」, 『아시아 거석문화와 고인돌』, 동북아지석묘연구소.
6) 하문식, 1985, 『우리나라 고인돌 문화의 연구 -금강과 남한강 유역을 중심으로』, 연세대학교 석사학위논문 ; 1997, 『東北亞細亞 고인돌文化의 硏究-中國 東北地方과 西北韓地域을 中心으로-』, 숭실대학교 박사학위논문 ; 2000, 「중국 동북지구 고인돌의 기능 문제와 축조」, 『先史와 古代』 15 ; 2007, 「경기도 고인돌문화의 성격」, 『경기도 고인돌』, 경기도박물관 ; 2011, 「대동강 유역의 고인돌 연구」, 『고조선단군학회』 25.
7) 손진태, 1934, 「朝鮮 dolmen考」, 『開闢』 1 ; 1948, 「조선 돌멘에 관한 조사연구」, 『朝鮮民族文化硏究』.
8) 도유호, 1959, 「조선 거석문화의 연구」, 『문화유산』 2, 과학원출판사.

三上次男[9], 김원룡[10], 임병태[11], 김재원·윤무병[12], 이융조[13], 석광준[14], 김정배[15], 임세권[16], 최몽룡[17], 김병모[18], 심봉근[19], 지건길[20], 이청규[21], 이형구[22], 우장

---

9) 三上次男, 1961, 『滿鮮原始墳墓の硏究』, 吉川弘文館.
10) 김원룡, 1986, 『韓國考古學槪說』, 일지사.
11) 임병태, 1964, 『한국지석묘연구』, 고려대학교석사학위논문.
12) 김재원·윤무병, 1967, 『韓國支石墓硏究』, 국립박물관.
13) 이융조, 1975, 「양평 앙덕리 고인돌 문화」, 『韓國史硏究』 11 ; 이융조·하문식, 1989, 「한국 고인돌의 다른 유형에 관한 연구 -'제단고인돌' 형식을 중심으로-」, 『東方學志』 63.
14) 석광준, 1979, 「우리나라 서북지방 고인돌에 관한 연구」, 『고고민속론문집』 7 ; 2003, 『각지 고인돌무덤조사 발굴보고』, 백산자료원.
15) 김정배, 1996, 「韓國과 遼東半島의 支石墓」, 『先史와 古代』 7 ; 2010, 『고조선에 대한 새로운 해석』, 고려대학교민족문화연구소.
16) 임세권, 1976, 「한반도 고인돌의 종합적 검토」, 『白山學報』 20.
17) 최몽룡, 1978, 「전남지방 소재 지석묘의 형식과 분류」, 『歷史學報』 78 ; 1981, 「전남지방 지석묘사회와 계급의 발생」, 『韓國史硏究』 39 ; 1999, 「한국지석묘의 기원과 전파」, 『한국 지석묘 유적 종합조사 연구(Ⅰ)』, 문화재청·서울대학교 박물관 ; 최몽룡·이선우, 2000, 『韓國 支石墓 硏究 理論과 方法』, 주류성.
18) 김병모, 1980, 「쟈바島의 거석문화-인도네시아 거석문화의 연구(Ⅰ)」, 『韓國考古學報』 8 ; 1981, 「한국 거석문화 원류에 관한 연구(1)」, 『韓國考古學報』 10·11 ; 1992, 『韓國人의 발자취』, 정음사.
19) 심봉근, 1979, 「日本 支石墓의 一 考察」, 『釜山史學』 3 ; 1981, 「한일지석묘의 관계 -형식 및 연대론을 중심으로-」, 『韓國考古學報』 10·11 ; 1983, 「묘제Ⅰ(지석묘)」, 『韓國史論』 13 ; 1997, 『한국 청동기시대 문화의 이해』, 동아대학교출판부.
20) 지건길, 1982, 「동북아시아 지석묘의 형식학적 고찰」, 『韓國考古學報』 12 ; 1983, 「지석묘사회의 복원에 관한 일고찰」, 『梨大史學硏究』 13·14 ; 1993, 「한반도 고인돌 문화의 원류와 전개 -서북지방 고인돌의 구조와 출토유물을 중심으로-」, 『圓光大馬韓·百濟文化』 13.
21) 이청규, 1985, 「제주도 지석묘 연구」, 『耽羅文化』 4.
22) 이형구, 1986, 「한강유역 서울원지동지석묘조사연구」, 『韓國史學』 8, 5~43쪽 ; 1987, 「발해연안지구 요동반도의 고인돌무덤 연구」, 『精神文化硏究』 32 ; 1988, 「渤海沿岸 石墓文化의 起源」, 『韓國學報』 50 ; 2006, 『강화도 고인돌 무덤 조사연구』, 춘추각.

문[23], 김정희[24], 이상길[25], 변광현[26], 장호수[27], 정연우[28], 노혁진[29], 조진선[30], 오강원[31], 유태용[32], 이동희[33], 윤호필[34], 김광명[35], 김선기[36], 강동석[37], 홍인국[38] 등을 꼽을 수 있다.

---

23) 우장문, 1986, 『한반도의 고인돌 문화에 대한 고찰 -황석리 고인돌 문화를 중심으로-』, 고려대학교 석사학위논문 ; 2006, 『경기지역의 고인돌 연구』, 학연문화사 ; 2011, 「황해남도 지역의 고인돌 고찰」, 『고조선단군학회』 25.
24) 김정희, 1988, 「동북아시아 지석묘의 연구」, 『崇實史學』 5 ; 1988, 「중국동북지방 지석묘연구의 최근동향」, 『伽倻通信』 17.
25) 이상길, 1994, 「지석묘의 장송의례」, 『古文化』 45.
26) 변광현, 2000, 『고인돌과 거석문화(동남아시아)』, 미리내 ; 2001, 『고인돌과 거석문화(세계)』, 미리내.
27) 장호수, 1995, 「청동기시대와 문화」, 『북한선사문화연구』, 백산자료원 ; 2004, 「북한지역 고인돌과 보존현황」, 『세계 거석문화와 고인돌』, 동북아지석묘연구소.
28) 정연우, 2000, 『북한강유역 지석묘연구』, 한림대학교석사학위논문 ; 2004, 「강원지역 고인돌과 보존현황」, 『세계 거석문화와 고인돌』, 동북아지석묘연구소.
29) 노혁진, 2003, 「강원지방의 지석묘」, 『지석묘 조사의 새로운 성과』, 한국상고사학회.
30) 조진선, 2003, 「전남지역 지석묘의 조사·연구 현황」, 『지석묘 조사의 새로운 성과』, 한국상고사학회 ; 「전남지역 고인돌과 보존현황」, 『세계 거석문화와 고인돌』, 동북아지석묘연구소.
31) 오강원, 2002, 「요동~한반도지역 지석묘의 형식변천과 분포양상」, 『先史와 古代』 17 ; 2011, 「中國 考古學界의 大石蓋墓論에 대한 批判的 檢討와 새로운 提案」, 『고조선단군학회』 25 ; 2012, 「遼東 南部 地域 支石墓의 立地와 長軸 方向 設定 背景과 패턴」, 『동아시아문화연구』 51.
32) 유태용, 2001, 『韓國 靑銅器時代 支石墓社會의 硏究 -築造集團의 社會階層 問題를 中心으로-』, 한양대학교 박사학위논문; 2005, 「지석묘 암각화에 나타난 지석묘사회의 정치적 이념」, 『한국고대문화연구』, 백산자료원.
33) 이동희, 2007, 「지석묘 축조집단의 단위와 집단의 영역」, 『湖南考古學報』 26.
34) 윤호필, 2013, 『축조와 의례로 본 지석묘사회 연구』, 목포대학교 박사학위논문.
35) 김광명, 2001, 『대구·경산지역 지석묘 연구』, 영남대학교 석사학위논문.
36) 김선기, 1997, 「고창지역 주형지석을 갖는 지석묘에 대하여」, 『호남고고학보』 5.
37) 강동석, 2002, 「강화 지석묘의 구조와 분포 분석」, 『박물관지』 4.
38) 홍인국, 2003, 『강화 북부지역 추장사회의 실례』, 서강대학교 석사학위논문.

주요 연구자들의 고인돌에 관한 주장을 간단히 살펴보면 다음과 같다.

이영문은 '동북아지석묘연구소'를 만들어 고인돌 연구에 매진하고 있다. 주로 화순 고인돌을 중심으로 전라남도 지역에 분포한 20,000여 기의 고인돌을 집중적으로 연구하고 있다. 그는 전라도 지역의 고인돌은 주로 해안을 따라 집중적으로 분포하고 있는 점을 들어 요령 지역으로부터 서해안을 따라 남하한 것으로 추정하는[39] 등 많은 이론과 다양한 저서로 우리나라 고인돌 연구에 기여하고 있다. 그리고 우리나라의 고인돌이 만들어지기 시작한 시기를 기원전 12세기 정도로 추정하고 있으며, 화순 고인돌을 조사·연구하여 고인돌을 세계유산으로 등재하는 데 큰 공을 세우기도 하였다.

하문식은 고조선지역(요령성, 길림성, 북한 전역)의 고인돌을 종합적으로 연구하여 우리나라 고인돌 연구의 범위를 넓히는데 크게 기여하였다. 요령지역의 고인돌은 기원전 15세기(기원전 20세기까지도 가능) 경에 축조되었으며, 길림지역의 고인돌은 그 껴묻거리를 토대로 보산문화寶山文化와 비슷한 시기에 축조된 것으로 보아 10세기경에 축조된 것으로 추정하고 있다. 그리고 서북한 지역의 고인돌도 10세기경으로 추정하면서 고인돌은 요동지역에서 길림과 서북한 지역으로 문화가 전파된 것으로 보고 있다. 그리고 형식은 탁자식에서 개석식으로 변해간 것으로 주장하고 있다. 특히 황해를 중심으로 대형 고인돌이 밀집된다는 점을 들어 '환황해環黃海 고인돌 문화권'을 주장하기도 하였다.[40]

임병태는 우리나라 고인돌을 처음으로 체계적으로 분류하면서 고인돌 연

---

39) 이영문, 1987, 「全南地方 支石墓의 性格」, 『韓國考古學報』 20, 韓國考古學會, 98쪽.
40) 하문식, 1997, 『東北亞細亞 고인돌文化의 硏究 - 中國 東北地方과 西北韓地域을 中心으로-』, 숭실대학교박사학위논문, 281쪽.

구를 본격화시크는 데 공을 세웠으며[41], 임세권 역시 고인돌을 종합적으로 연구하여 고인돌을 전반적으로 이해하고 이를 알리는데 큰 역할을 하였다.[42]

김원룡은 우리나라 고인돌은 시베리아의 돌널무덤의 영향으로 우리나라 서북지역의 고인돌 무덤으로 발전한 것으로 보았다.[43]

심봉근은 일본의 고인돌을 종합적으로 소개하여 우리나라의 고인돌과 일본의 고인돌을 비교하고 일본의 고인돌 연구 경향 및 일본의 고인돌이 한반도에서 건너갔음을 밝히는 등 일본 고인돌 연구에 많은 기여를 하였다.[44]

김병모는 고인돌의 남방 유입설을 주장하여 주목을 받기도 하였다. 그는 인도네시아 등을 답사한 후 해류가 일 년 중 6개월 정도는 동남아에서 일본쪽으로 흐르고[45], 고인돌이 벼농사에 바탕을 둔 사회에서 만들어진 것으로 보면서 동남아 지역의 선사 농경인들과 연결시키고 있다. 이어 동남아와 인도에 퍼져 있던 신화 가운데 난생신화卵生神話가 한반도에서도 발견되는 점을 연결 짓기도 하였다.[46]

전라도 지역의 고인돌을 집중적으로 연구하였던 최몽룡도 동남아지역에서 올라온 고인돌이 한반도에 도착한 후 일본으로 영향을 주었다는 주장을 수용

---

41) 임병태, 1964,『한국지석묘연구』, 고려대학교석사학위논문.
42) 임세권, 1976,「한반도 고인돌의 종합적 검토」,『白山學報』20.
43) 김원룡, 1986,『韓國考古學槪說』, 일지사, 92쪽.
44) 심봉근, 1979,「日本 支石墓의 一 考察」,『釜山史學』3 ; 1999,「일본」,『한국 지석묘(고인돌)유적 종합조사 · 연구(Ⅰ)-분포, 형식, 기원, 전파 및 사회복원-』, 문화재청 · 서울대학교 박물관, 145~168쪽.
45) 동남아 고인돌이 일본에 직접 영향을 준 것은 아니고 중국 동해안쪽을 거쳐 요동반도로 들어온 후 한반도를 거쳐 일본에 영향을 준 것으로 해석하고 있다(김병모, 1985,『韓國人의 발자취』, 정음사, 208쪽).
46) 김병모, 1985,『韓國人의 발자취』, 정음사, 207~219쪽.

하고 있다.⁴⁷⁾ 그리고 최몽룡은 1999년『한국 지석묘(고인돌)유적 종합조사 · 연구』 발간을 주도하는 등 고인돌 연구에 크게 기여하기도 하였다.

김정배는 우리나라의 고인돌은 탁자식에서 개석식으로 변화되었다고 주장하면서 우리나라의 대형 고인돌과 요동반도 남부의 고인돌이 발해만을 끼고 환상적環狀的인 배열을 하고 있음을 토대로 동일한 문화권이 형성되었던 것으로 보았다. 그러면서 이 지역은 동이족의 영역이며 그 가운데서 좁게는 고인돌이 예맥족濊貊族이 남긴 문화유산임을 강조하고 있다.⁴⁸⁾

이형구는 고인돌은 돌널무덤을 중심으로 한 돌무지무덤에서 변화한 형식으로 보면서, 한반도와 요동반도의 고인돌이 고조선시대에 우리 민족에 의하여 창조된 석조건축물이라고 주장하고 있다.⁴⁹⁾

이융조는 고인돌 사회의 사회와 문화를 복원시키는 데 기여하였다. 홈구멍의 체계적 연구는 물론이고, 고인돌의 방향과 강과의 관계, 붉은 흙을 통한 사유 등을 통해 고인돌 사회를 복원하려는 시도를 하였다.⁵⁰⁾

유태용은 여러 가지 이론적 논리를 바탕으로 고인돌 사회를 복원하려는 많은 노력을 통하여 우리나라 고인돌 연구에 기여하였으며⁵¹⁾, 우장문도 서울 · 경기 · 인천 등 옛 경기지역의 고인돌의 성격과 그 사회를 복원해 보려는 시도를 하였다.⁵²⁾

---

47) 최몽룡, 1978,「전남지방 소재 지석묘의 형식과 분류」,『역사학보』78 ; 1999,「한국 지석묘의 기원과 전파」,『한국 지석묘(고인돌)유적 종합조사 · 연구(Ⅰ)-분포, 형식, 기원, 전파 및 사회복원-』, 문화재청 · 서울대학교박물관, 9쪽.
48) 김정배, 2010,『고조선에 대한 새로운 해석』, 고려대학교 민족문화연구원, 151~236쪽.
49) 이형구, 2012,『한국 고대문화의 비밀』, 새녘출판사, 108~109쪽.
50) 이융조, 1981,『한국의 선사문화와 그 분석 연구』, 탐구당.
51) 유태용, 2003,『韓國 支石墓 硏究』, 주류성.
52) 우장문, 2006,『경기지역의 고인돌 연구』, 학연문화사.

송호정은 고조선사를 종합 정리하는 과정에서 고인돌의 평양 중심설을 주장하고 있다. 그는 북한의 석광준의 고인돌 형식 변천을 수용하여 침촌리형에서 오덕리형으로의 변해갔다는 설을 지지하고 있다. 침촌리형이 출발하는 곳이 대동강 유역이므로 평양 중심설에 무게를 실어주는 것이다. 그리고 요동지방과 서북한 지역의 고인돌은 하나의 문화권이라고 주장하면서도 혼하(渾河) 일대와 압록강에서 청천강에 이르는 지역의 고인돌을 동일 문화권으로 보는 데에는 동의하지 않고 있다.[53]

오강원은 최근 요동지역의 고인돌을 중심으로 연구하고 있는데, 그는 요동지역의 고인돌이 부족사회 단계에서 만들어진 것이라고 주장하고 있다. 또, '요동과 길림 지역의 지석묘 집단은 정가와자유형鄭家窪子類型과 같은 군장사회의 주변에 머물러 있던 부족사회였다고 정의할 수 있다.'고 하였다.[54]

변광현은 전문적으로 연구하지는 않았지만 우리나라와 북한, 중국, 일본은 물론이고 아시아와 중동 및 유럽 고인돌을 체계적으로 잘 정리하고, 많은 논문 자료 등을 수록한 단행본 2권을 발행하여 고인돌을 연구하고자 하는 후학들에게 많은 도움을 주었다는 점을 높이 사고 싶다.[55]

현재 북한을 대표하는 고인돌 연구자는 석광준으로 그는 고인돌의 평양 기원설을 주장하고 있다. 그는 '평양을 중심으로 발생 발전한 고인돌무덤은 기원전 3000년기 전반기에는 청천강 이남, 한강 이북지역, 동쪽으로는 북대봉산줄기 이서의 서북조선 일대에 분포되어 있다가 기원전 3000년기 후반기를 전후하여 요하 유역, 길림, 장춘지구, 남부조선으로 널리 보급되어 고조선의

---

53) 송호정, 2003, 『한국 고대사 속의 고조선사』, 푸른역사, 209~239쪽.
54) 오강원, 2012, 「青銅器文明 周邊 集團의 墓制와 君長社會」, 『湖西考古學』 26, 143쪽.
55) 변광현, 2001, 『고인돌과 거석문화』, 미리내.

후국 즉 부여, 구려, 진국의 선행 문화로 되었다.'라고 쓰고 있다.[56] 즉 석광준은 고인돌의 발원은 평양이라고 주장하는 것이다.[57]

이러한 주장은 서국태도 마찬가지이다. 그는 '평양지방의 고인돌무덤에는 다른 지역의 것과는 달리 초기 형식의 고인돌 무덤을 비롯하여 여러 가지 류형과 형식의 고인돌무덤이 있다. 바로 이것은 고인돌 무덤의 발생지, 중심지, 나아가서는 고조선의 중심지가 평양 지방이라는 것을 확증하여 주는 다른 하나의 근거이다.'라고 기술하고 있다.[58]

평양이 고인돌의 중심이고, 그 출발점이라는 의도는 남일룡의 글에서 확실히 알 수 있다. 그는 '만경대구역 일대에 여러 가지 류형의 고인돌무덤인 오덕형과 묵방형 그리고 구조형식을 달리하는 무덤들이 한 지역에 골고루 분포하여 있는 것을 보면 이 지역에 고인돌무덤이 초기로부터 마지막시기까지 존재하였고 자체의 고유한 발전과정이 있었으며 그것이 주변 지역에서도 영향을 주었으리라고 짐작할 수 있게 한다. 이 모든 사실들은 대동강문화의 발원지, 중심지가 평양지방이라는 것을 더욱 뚜렷이 확증하여 주는 귀중한 자료가 된다.'라고 하며[59] 고인돌을 통해 평양이 우리 문화의 중심이라는 점을 부각시키려 하고 있다. 아쉬운 점은 북한 고인돌의 형태, 분포, 숫자 등에 대한 정확한 통계가 없는 점이고, 보고서도 너무 간결하고 사진도 거의 없어 고인돌의 성격을 규명하는 데 한계가 있다는 점이다.

---

56) 사회과학원, 2002, 『조선의 고인돌무덤 연구』, 중심, 13쪽.
57) 석광준의 주장은 침촌형 고인돌의 시작으로 보는 것으로 기존의 도유호의 주장을 뒤집는 것이었다. 도유호는 전형고인돌(북방식)에서 변형고인돌(남방식)로 변화하였고, 동남아 전래설을 주장하기도 하였었다(도유호, 1959, 「조선거석문화연구」, 『문화유산』 2).
58) 서국태, 2005, 「고조선의 중심지와 영역」, 『단군과 고조선 연구』, 지식산업사, 362쪽.
59) 남일룡, 2005, 「평양일대에서 새로이 발견된 고인돌무덤과 그 의의」, 『단군과 고조선 연구』, 지식산업사, 614-615쪽.

사실, 우리나라의 고인돌에 대한 연구를 본격적으로 시작한 것은 일제 강점기의 일본인들에 의해서이다. 1916년 최초로 강화도 고인돌을 발굴한 今西龍을 비롯하여 북한지역의 많은 고인돌을 조사하고 발굴한 鳥居龍藏, 경상도 지역의 고인돌을 발굴한 榧本杜人 등이 있다.

이러한 일본인들의 발굴 성과와 만주지역의 고인돌 답사 등을 종합하여 三上次男은 『滿鮮原始古墳の硏究』를 1961년 발표하였다. 이는 고인돌의 형식을 북방식과 남방식으로 나누면서 북방식이 남방식보다 앞선다는 주장을 밝혔고, 고인돌의 상한을 기원전 3~2세기경으로 주장하였다.

일본인들의 고인돌에 대한 연구는 해방 이후로 자국 내 고인돌 연구에 집중되고 있다. 일본 고고학계에서 관심사로 고인돌이 등장한 것은 첫째, 고인돌 자체가 그 전파지를 우리나라 고인돌에 두면서 일본 야요이문화 형성기와 때를 거의 같이 하므로 고인돌을 통하여 우리나라 청동기문화 요소와 연결시켜 야요이문화의 기원을 해결하고자 함에 있으며, 둘째, 오늘날까지 고고학계나 농학계에서 미해결 상태로 남아 있는 일본 도작의 원류를 추구할 수 있는 것이 고인돌 형성기와 그 출발을 같이하고 있다는 데서 도작의 기원도 고인돌을 통해서 해결지어보고자 함에 있다.[60]

결국 일본 고인돌의 연구 결과 각종 보고서 및 연구 논문의 종합적인 결과는 일본의 고인돌은 우리나라 남부 지방 고인돌의 일부를 취해서 야요이문화 형성기에 사용한 새로운 묘제라는 데 대해 큰 이견이 없다. 다만 실질적인 연대, 형식 분류 등에 있어서는 약간의 차이가 있을 뿐이다. 물론 도작문화가 전

---

60) 일본에 관한 내용은 심봉근(1999, 「일본」, 『한국 지석묘(고인돌)유적 종합조사·연구(Ⅰ)-분포, 형식, 기원, 전파 및 사회복원-』, 문화재청·서울대학교박물관, 145~168쪽)의 글을 대부분 인용하였다.

해지면서 고인돌도 함께 들어왔다는 주장인데 이에 대해 대다수의 학자들이 한반도를 경유해서 들어온 것으로 보고 있다.

한반도를 통해서 일본에 전해진다는 것을 부인할 수밖에 없는 이유는 일본의 고인돌이 거의 규슈지방에 한정되고 모두 합해서 600여 기에 불과하기 때문이다. 그것도 한반도와 가까운 쪽에 주로 분포하고 있고, 그 수도 우리나라에 비해 월등히 적으며, 형태도 우리나라 특히 전라도 지역의 고인돌과 유사하기 때문이다.

松尾禎作[61], 甲元眞之[62]는 물론 최근의 平郡達哉[63], 中村大介[64] 등도 우리나라의 고인돌에 관심을 갖고 연구하고 있다.

Ⅳ. 고인돌 연구의 필요성

상고사연구에서 우리나라의 고인돌이 차지하는 비중은 전 세계적으로 보더라도 매우 중요하지만 그 중요성에 비하여 연구의 깊이가 미치지 못하는 것이 현실이다.

---

[61] 松尾禎作, 1957,「北九州支石墓の研究」,『松尾禎作先生還曆記念論集』, 佐賀縣.
[62] 甲元眞之, 1978,「西九州支石墓の一考察」,『法文論叢』41.
[63] 平郡達哉, 2004,「일본 구주지방 고인돌과 보존현황」,『세계 거석문화와 고인돌』, 동북아지석묘연구소, 123~148쪽.
[64] 中村大介, 2007,「日本列島 彌生時代開始期前後의 墓制」,『아시아 거석문화와 고인돌』, 동북아지석묘연구소, 123~148쪽.

고인돌이 주목을 받는 이유는 고인돌을 통하여 선사시대의 동양과 서양 문화의 이동을 확인할 수 있기 때문이다. 고인돌은 유럽, 중동, 인도, 인도네시아, 베트남, 일본, 중국, 한반도 등 유럽과 아시아의 남반부를 중심으로 널리 분포하고 있다.

특히 한국과 중국 간의 역사문제에 대한 이견을 밝히는 데 고인돌은 매우 중요한 역할을 하고 있고, 앞으로도 중국의 동북공정에 공세적으로 대응해가는 데 가장 중요한 역할을 할 것으로 생각된다.

상고사에서 고인돌을 연구의 필요성은 다음과 같이 정리할 수 있을 것이다.

첫째, 고인돌의 분포 범위가 고조선의 영역과 거의 일치하여 중국이 고조선의 역사를 중국의 역사로 만들려는 시도를 잠재울 수 있는 좋은 증거가 될 것임에 틀림없다.

고인돌은 한반도에 4만기 이상이 분포하고, 그 주변으로 요령성과 길림성에 750여 기가 분포한다. 그리고 남쪽과 서쪽으로는 바다 건너 중국의 산동반도에 약간의 고인돌이 있었다는 보고와 절강성에 50여 기가 보고되고 있을 따름이다. 일본도 규슈를 중심으로 600여 기가 분포하고 있다. 고인돌만을 중심으로 보았을 때 한반도가 그 중심에 있음을 그 수나 분포 범위로 보더라도 쉽게 알 수 있다. 이러한 사실을 보다 확실하게 밝힐 필요가 있다.

둘째, 고인돌의 형태를 통하여 현재의 요령성이나 길림성에 분포하는 고인돌과 한반도의 고인돌이 하나의 문화를 유지하고 있었음을 증명할 수 있음은 물론 일본과의 교류도 확인할 수 있기 때문이다.

고인돌은 크게 탁자식(북방식), 바둑판식(기반식), 개석식, 위석식 등으로 분류하고 있다. 탁자식은 주로 한강을 중심으로 그 북쪽에 분포하고 있는데 황해도, 평안도는 물론 황해를 중심으로 그 반대쪽의 요령 지역에도 분포하고 있다. 이들 고인돌은 탁자식이라는 공통점 이외에도 규모가 매우 큰 것이 황해를 중심으로 분포한다는 점에서 '환황해문화권'이라고 주장하기도 할 만큼 많은 공통점을 지니고 있다.[65] 고인돌의 빈도는 한강 이북을 중심으로 보았을 때 대동강을 중심으로 집중적으로 분포하고 있어서 북한에서는 '대동강문화론'을 내세우기도 한다.[66] 그 이유는 이 지역을 중심으로 하여 주변으로 멀어지면서 그 수가 점점 줄어들기 때문이다. 그리고 그 규모도 북쪽으로 가면서 길림성 지역의 고인돌은 규모가 매우 작아지기도 하지만 탁자식을 취하고 있다는 점에서는 하나의 문화를 가졌음을 알 수 있다. 중국 학자들 중에는 탁자식 고인돌이 그 크기나 유물을 근거로 요령지역에서 북쪽의 길림 지역에 영향을 준 결과라고 주장하기도 한다.

남부지역은 전라남도를 중심으로 그 주변에 많은 고인돌이 분포하고 있는데 특히 바다 건너 절강성과 일본의 규슈지역의 고인돌은 그 형태가 전라도지역의 고인돌과 매우 유사한 점을 들어 한반도 고인돌의 영향으로 나타난 것임을 부정하지 않고 있다. 절강성이나 일본의 고인돌은 전라도지역의 고인돌과 같은 바둑판식이나 개석식 고인돌의 형태를 한 경우가 많아서 이를 뒷받침하고 있다. 또 일각에서는 도작稻作문화의 전파 경로를 들면서 오히려 절강성의 고인돌이 한반도에 영향을 주었다고 하기도 하지만 이는 그 분포로 보았을 때 타당도가 떨어지는 주장이다.

즉, 탁자식을 중심으로 한 요령과 길림지역, 바둑판식이나 개석식을 중심으로 한 절강성과 일본의 규슈지역 고인돌의 형태는 문화의 유사성을 보여주는

---

[65] 하문식, 1999, 『古朝鮮 地域의 고인돌 硏究』, 백산자료원, 170쪽.
[66] 서국태, 2005, 「고조선의 중심지와 령역-고인돌무덤을 중심으로-」, 『단군과 고조선 연구』, 지식산업사, 345~383쪽 : 석광준, 2005, 「평양일대 대형고인돌무덤의 성격에 대하여」, 『단군과 고조선 연구』, 지식산업사, 497~503 : 남일룡, 2005, 「평양 일대에서 새로이 발견된 고인돌무덤과 그 의의」, 『단군과 고조선 연구』, 지식산업사, 609~615.

좋은 예이다. 뿐만 아니라 이들 사이사이에 위치하고 있는 개석식 고인돌은 모든 지역에 공통적으로 분포하는 것이기도 하다. 고인돌은 그 형태를 바탕으로 당시의 한반도와 만주, 절강성지역, 일본 등과의 문화적 전파를 알 수 있는 중요한 사료이기 때문에 집중적인 연구가 있어야 한다.

셋째, 고인돌 출토 껴묻거리를 통하여 고조선이 우리 역사였음을 증명하기에 충분하다.

고인돌에서는 일반적으로 껴묻거리가 많이 출토되지 않고 있는 것이 사실이다. 삼국시대의 무덤을 발굴하면 껴묻거리가 쏟아져 주목을 받기도 하지만 고인돌에서는 유물이 출토되지 않는 경우도 많다. 특히 개석식 고인돌에 비하여 무덤방이 노출되어 있는 탁자식 고인돌에서는 껴묻거리가 찾아지는 예가 훨씬 적다. 그럼에도 불구하고 탁자식 고인돌의 분포 범위를 중심으로 비파형동검, 미송리식토기, 붉은간토기, 돌화살촉 등이 발견되고 있어 동일한 문화를 가진 세력들이 분포했던 범위임을 입증하는데 많은 도움을 주고 있다. 한반도와 요령 및 길림성 지역 고인돌은 그 생김새도 유사할 뿐 아니라 그 속에서 찾아지는 껴묻거리가 큰 차이가 없다는 사실은 고인돌은 고조선 문화권에서 나타나는 동일한 문화를 가진 세력들의 흔적임을 밝힐 수 있는 중요한 유적이기 때문이기에 계속적인 연구가 절실하다.

껴묻거리에 대한 문제가 풀리면 고인돌의 형식 변화를 파악할 수 있음은 물론이고 이를 토대로 고조선의 수도가 요동에서 평양으로 이동을 해왔느냐, 아니면 처음부터 계속 평양에 있었느냐 하는 논란도 해결할 수 있을 것이다.

넷째, 고인돌의 크기를 통하여 당시의 사회를 파악할 수 있다는 점이다.

특히 고인돌은 과거의 사회구조와 문화를 이해할 수 있게 해주는 중요한 문화재이다. 왜냐하면 고인돌의 규모를 통하여 당시의 사회상을 이해할 수 있기 때문이다. 커다란 고인돌의 축조에는 대규모의 인력 동원이 가능한 지배자가 등장한 사회였을 것이라는 사실을 알 수 있는 등 당시 사회 규모나 계급의 등장 등을 알 수 있는 수단이 되기 때문이다. 이를 더욱 체계적으로 연구했을 때 고인돌을 만든 시기의 사회를 보다 확실하게 규명할 수 있을 것이다.

다섯째, 고인돌에 새겨진 홈구멍이나 고인돌의 방향, 고인돌이 만들어진 위치 등을 통하여 당시 사람들의 사고를 이해할 수 있다. 고구려 벽화에서 고구려인의 사회와 문화를 이해하듯이 고인돌의 홈구멍 등을 통하여 당시 사람들의 풍습을 이해할 수 있는 중요한 흔적을 지니고 있기 때문이다. 홈구멍 뿐만 아니라 여러 형태의 바위그림을 통하여 당시 사회문화도 이해할 수도 있을 것이다. 그리고 고인돌을 만든 방향이나 붉은 흙의 사용, 무늬가 새겨진 돌 등은 당시 사람들의 사유를 이해할 수 있는 좋은 단서가 되기 때문이다.

V. 고인돌 연구 과제 및 제안

현재 우리나라의 고인돌이 매우 중요하고 연구해야할 소중한 유산임에도 불구하고 단편적, 지역단위로 연구가 진행되고 있는 것이 현실이다. 물론 종합적 연구의 차원에서 나온 책도 있고 연구소도 있지만 일부 지역에 한정되어 있거나, 연구 도서도 일부 연구자들의 논문을 엮어 놓은 수준이 대부분이라고 할 수 있다.[67]

---

67) 김재원 · 윤무병, 1967, 『韓國支石墓研究』, 국립박물관 : 문화재청, 1999, 『한국 지석묘(고인돌)유적 종합조사 · 연구』 I · II : 변광현, 2000, 『고인돌과 거석문화(동남아시아)』, 미리내

우리나라는 물론 세계적 분포를 보이고 있는 고인돌을 체계적으로 연구하기 위해서는 답사를 통한 종합적인 연구가 현 시점에서 무엇보다도 필요하다고 할 수 있다. 지금까지와 같이 여러 학자들의 연구 성과를 취합하는 수준으로 보고서를 내다 보니 기본적으로 사용하는 용어부터 상이한 경우가 많고 시작 연대, 유물을 보는 관점, 사회상에 대한 차이 등으로 일관된 내용으로 기술되어지지 못하고 있다.

물론 선사시대에 만들어진 유적을 한 사람의 마음과 같이 일목요연하게 내용을 기술하기는 어려운 것이 사실이지만 우리나라, 베트남, 인도네시아, 인도, 중동지역, 유럽 등 세계 여러 지역에 걸쳐 분포하고 있는 고인돌을 종합적으로 답사하고 이를 토대로 우리나라의 고인돌을 심도 있게 연구하고 다양한 각도에서 토론하는 것이 절실하다. 지금까지는 여러 연구자들의 연구 성과를 중심으로 주제나 지역별로 나누어 연구한 내용을 주관적으로 기술하고 있어서 용어의 사용부터 형식, 연대, 껴묻거리, 홈구멍의 해석 등에 많은 이견을 보이고 있다. 따라서 이러한 연구 결과를 바탕으로 연구하는 학자들은 물론, 일반인들이 고인돌을 전반적으로 이해하는 데 많은 어려움을 주고 있는 것이 사실이다. 세계 고인돌의 분포와 특징은 물론이고 연구의 변화상을 전반적으로 이해하고 우리나라 고인돌의 위치 및 전파 경로 등을 연구하기 위해서는 여러 학자들이 세계 여러 지역의 고인돌을 세밀하게 전반적으로 조사하고 연구하는 것이 시급하다고 할 수 있을 것이다.

이러한 조사·연구 및 치열한 토론 단계 등을 거친 이후에 한반도 주변의 고인돌을 종합적으로 살펴본다면 고인돌과 고조선, 고인돌을 통한 한반도와

: 변광현, 2001, 『고인돌과 거석문화(세계)』, 미리내 : 국립나주문화재연구소, 2011, 『중국 지석묘』·『일본 지석묘』: 국립나주문화재연구소, 2012, 『한국 지석묘』

중국, 한반도와 일본의 문화 교류 등을 바르게 규명할 수 있을 것이다. 즉 심도 있고 종합적인 고인돌 연구와 토론이 진행된다면 고조선의 문제나 우리 문화의 일본 전파 등을 보다 확실하게 밝힐 수 있을 것이고 이는 우리나라와 중국 간의 역사 문제를 푸는 중요한 단서를 제공하게 될 것임에 틀림없다.

그리고 우리나라의 고인돌은 세계문화유산으로 지정되고 세계에서 가장 조밀한 분포와 가장 많은 수를 자랑하며, 가장 다양한 고인돌이 분포하고 있음에도 세계적으로 크게 주목을 받고 있지 못하는 것이 현실이다. 서울에서 가까운 강화도는 그나마 관광객들이 찾는 편이지만 다양한 형태의 고인돌 수백 기가 조밀하게 모여 있어 신비감까지 주는 고창이나 대형 고인돌이 자연과 잘 어우러진 화순 고인돌은 그 중요성에 비하여 크게 주목을 받지 못하고 있다는 점을 부정할 수 없을 것이다.

많은 신비를 담고 있는 우리나라 고인돌이 우리나라 사람들로부터도 크게 주목받지 못하는 이유는 체계적인 홍보의 미흡에 있다고 생각한다. 세계의 그 어느 문화재에 비하여 손색이 전혀 없는 우리의 자랑스런 고인돌을 세계의 여러 사람들에게 널리 알리기 위한 홍보가 더욱 절실하다고 생각한다. 그러기 위해서는 세계의 석학들과 함께 고인돌에 대한 연구가 함께 진행되어야 하며, 그 성과를 바탕으로 적극적인 홍보가 펼쳐져야 할 것이다. 이는 개인적인 차원에서 접근해서는 불가능 한 것이고 국가적 차원에서 적극적으로 나서야 할 것이다.

지금까지 많은 이들이 안타까워하는 것 중의 하나는 비지정 고인돌이 지금도 전국의 여러 곳에서 훼손되거나 파괴되고 있는 것이 많다는 점이다. 이들을 보호할 조치가 무엇보다도 급선무라고 할 수 있다.

우리나라에 내린 축복이하고 할 수 있는 고인돌에 대한 연구가 좀 더 원활하게 진행되기 위해서는 연구에 적극적으로 참여할 수 있는 전문적인 학식을 갖춘 전문 인력의 양성이 절실하다고 할 수 있다. 또 연구를 진행하는 과정에서는 고고학자뿐 아니라 천문학, 지질학, 생물학, 건축학, 해양학을 전공한 학자들이 함께 참여했을 때 보다 객관적인 연구를 진행할 수 있을 것이다.

Ⅵ. 맺음말

우리나라 고인돌은 세계적인 문화 유적이고 이를 세계유산의 지정이라는 사실을 통하여 인정받기도 하였다. 그러나 그 중요도에 비하여 연구 활동이 미치지 못하는 것이 현실이다.

고인돌의 연구는 일제 강점기부터 시작되어 각 지역을 중심으로 여러 학자들에 의하여 연구가 진행되고 있지만 종합적인 연구가 진행되지 못하고, 고인돌에만 몰두하는 연구자가 적은 것이 현실이다. 그리하여 가장 기본적인 용어는 물론, 기원, 시기, 형식 분류 등에도 많은 이견을 보이고 있다. 또한 북한에서는 단군릉 발굴 이후로 그 이전과는 다른 주장을 하고 있어 어려움을 가중시키고 있다.

우리나라의 축복이고 중국의 역사 왜곡에도 대응할 수 있는 좋은 사료인 고인돌을 제대로 연구하기 위해서는 국가적 차원의 지원이 절실하다. 개인적으로 연구를 진행하기는 한계가 있기에 연구단을 만들어 세계 곳곳의 고인돌을 전체적으로 연구한 후 한반도와 만주, 일본지역의 고인돌을 연구한다면 고인돌의 기원은 물론이고 풀리지 않는 역사의 매듭도 풀 수 있는 단초가 될 것이다. 아울러 고인돌을 공부하고자 하는 사람들의 기존의 연구서 및 각종 보고서를 쉽게 접할 수 있는 공간이 필요하다. 이 글도 전국에서 발간되는 많은 자료를 접하는 데 어려움이 있어 모두 반영하지 못한 아쉬움이 있다.

【고인돌 관련 주요 자료】

강동석, 2002, 『江華 北部地域 支石墓社會의 聚落類型 硏究』, 성균관대학교 석사학위논문.

강동석, 2012, 「GIS를 이용한 남한지역 지석묘의 분포현황 분석」, 『한국 지석묘』, 국립나주문화재연구소.

경기도립박물관, 2007, 『경기도 고인돌』.

경남발전연구원, 2012, 『무덤을 통해 본 청동기시대 사회와 문화』, 학연문화사.

국립나주문화재연구소, 2011, 『중국의 지석묘』.

국립나주문화재연구소, 2011, 『일본의 지석묘』.

국립나주문화재연구소, 2012, 『한국의 지석묘』.

국립문화재연구소, 2001, 『韓國考古學辭典』.

국립문화재연구소, 2004, 『韓國考古學專門事典-靑銅器時代篇-』, 학연문화사.

김광명, 2001, 『대구·경산지역 지석묘 연구』, 영남대학교 석사학위논문.

김광명·서길한, 2009, 「영남 지역의 제단식 지석묘 연구」, 『과기고고연구』 15.

김광철, 2009, 「길림지방 고인돌무덤의 특성」, 『조선고고연구』 1.

김규호, 2001, 『북한강 유역의 고인돌 연구』, 강원대학교 석사학위논문.

김기웅, 1963, 「평안남도 개천군 묵방리 고인돌 발굴중간 보고」, 『고고학자료집』 3.

김동일, 1996, 「별자리가 새겨진 고인돌 무덤에 대하여」, 『조선고고연구』 3.

김동일, 2007, 「고조선시기 유적유물에 표시된 북두칠성에 대하여」, 『조선고고연구』 4.

김범철, 2011, 「거석기념물과 사회정치적 발달에 대한 고고학적 이해」, 『東北亞 靑銅器文化와 支石墓』, 한국학중앙연구원공동연구팀.

김병모, 1981, 「한국 거석문화 원류에 관한 연구(1)」, 『韓國考古學報』 10·11.

김병모, 1992, 『韓國人의 발자취』, 정음사.

김석훈, 2000, 「강화도의 선사문화」, 『博物館誌』 3, 인하대학교 박물관.

김선기, 2000, 「고창 암치리 지석묘를 통해 본 무묘실 지석묘의 성격」, 『고문화』 56.

김승근, 2002, 『支石墓 附葬樣相에 대한 檢討』, 목포대학교 석사학위논문.

김용우, 1989, 『영일만 주변의 고인돌 문화에 대한 연구 -흥환리고인돌 문화를 중심으로-』, 고려대학교 석사학위논문.

김원용 편, 1965, 『韓國史前遺蹟遺物地名表』, 서울대학교 고고인류학논총.

김원용 편, 1986, 『韓國考古學槪說』, 일지사.

김일권, 1998, 「별자리형 바위구멍에 대한 고찰」, 『古文化』 51.

김재원·윤무병, 1967, 『韓國 支石墓 硏究』, 국립박물관.

김정배, 1980, 『韓國民族文化의 起源』, 고려대 출판부.

김정배, 1995, 「韓國和遼東半島的支石墓」, 『韓國學論文集』 4, 北京大學韓國學硏究中心.

김정배, 1999, 「중국 동북지역의 지석묘 연구」, 『韓國館論叢』 85.

김정배, 2010, 『고조선에 대한 새로운 해석』, 고려대학교 민족문화연구원.

김정희, 1988, 「동북아시아 지석묘의 연구」, 『崇實史學』 5.

김진영, 2001, 『麗水半島 支石墓 硏究』, 목포대학교 석사학위논문.

김창현, 1996, 「전라남도일대의 고인돌무덤에 대하여」, 『조선고고연구』 4.

남일룡, 2005, 「평양 일대에서 새로 발굴된 고인돌무덤과 그 의의」, 『단군과 고조선 연구』, 지식산업사.

노혁진, 1999, 「형식학 비판-지석묘 사례를 중심으로」, 『한국상고사학보』 31.

도유호, 1959, 「조선 거석문화의 연구」, 『문화유산』 59-2.

동북아지석묘연구소, 2004, 『세계 거석문화와 고인돌』.

동북아지석묘연구소, 2007, 『아시아 거석문화와 고인돌』.

문화재청·서울대학교박물관, 1999, 『한국 지석묘(고인돌)유적 종합조사연구』 I·II.

박성훈, 2006, 『서부경남 지석묘의 전개 양상에 대한 일 고찰』, 경상대학교 석사학위논문.

박양진, 2006, 「한국 지석묘사회 '족장사회론'의 비판적 검토」, 『호서고고학』 14.

박희현, 1984, 「한국 고인돌 문화에 대한 고찰-그 상한 연대를 중심으로-」, 『韓國史研究』 46.

방선주, 1968, 「한국 거석제의 제문제」, 『사학연구』 20.

배진성, 2012, 「지석묘의 기원 연구를 바라보는 一視覺」, 『무덤을 통해 본 청동기시대 사회와 문화』, 학연문화사.

변광현, 2000, 『고인돌과 거석문화 (동남아시아)』, 미리내.

변광현, 2001, 『고인돌과 거석문화 (세계)』, 미리내.

송호정, 2003, 『한국 고대사 속의 고조선사』, 푸른역사.

송화섭, 2001, 「고인돌 암각화의 생성 배경과 상징성 연구」, 『白山學報』 59.

서국태, 2005, 「고조선의 중심지역과 령역」, 『단군과 고조선 연구』, 지식산업사.

서국태, 2006, 「거북등형의 뚜껑돌을 가진 고인돌무덤의 피장자에 대하여」, 『조선고고연구』 4.

서국태, 2008, 「고인돌무덤의 분류에서 제기되는 몇 가지 문제」, 『조선고고연구』 4.

서국태, 2010, 「료동지방고인돌무덤의 선후관계」, 『조선고고연구』 2.

서국태, 2010, 「남부조선지역의 침촌리형고인돌무덤과 관련한 몇가지 문제」, 『조선고고연구』 4.

서국태, 2013, 「일본 규슈지방 고인돌무덤의 성격」, 『조선고고연구』 1.

서영대·김석훈, 2000, 『江華地域의 先史遺蹟·遺物』, 인천지역유적·유물지명표 II, 인하대학교박물관.

석광준, 1974, 「오덕리 고인돌 발굴 보고」, 『고고학자료집』 4.

석광준, 1979, 「우리나라 서북지방 고인돌에 관한 연구」, 『고고민속론문집』 7.

석광준, 1992, 「강원도 철원군 림진강류역의 고인돌에 대하여」, 『조선고고연구』 2.

석광준, 1996, 「평양일대 고인돌무덤의 변천에 대하여」, 『조선고고연구』 3.

석광준, 2002, 『조선의 고인돌무덤 연구』, 중심.

석광준, 2002, 『각지고인돌무덤조사 발굴보고』, 백산자료원.

석광준, 2010, 『북부조선지역의 고인돌무덤(1), (2)』, 진인진.

선재명, 2001, 『영산강 유역의 지석묘 연구』, 목포대학교 석사학위논문.

손진태, 1948, 「조선 돌멘에 관한 조사연구」, 『朝鮮民族文化研究』, 을유문화사.

송화섭, 2001, 「고인돌 암각화의 생성 배경과 상징성 연구」, 『白山學報』 59.

신용하, 2010, 『古朝鮮 國家形成의 社會史』, 지식산업사.

심봉근, 1981, 「한일지석묘의 관계 -형식 및 연대론을 중심으로-」, 『韓國考古學報』 10·11.

안재호, 2011, 「묘역식지석묘의 출현과 사회상」, 『東北亞 靑銅器文化와 支石墓』, 한국학중앙연구원공동연구팀.

양홍진·복기대, 2012, 「중국 해성(海城) 고인돌과 주변 바위그림에 대한 고고천문학적 소고(小考)」, 『東아시아古代學』 29.

오강원, 2002, 「요동~한반도지역 지석묘의 형식변천과 분포양상」, 『先史와 古代』 17.

오강원, 2011, 「청동기문명 주변 집단의 모제와 군장사회 : 요동과 길림지역의 지석묘와 사회」, 『東北亞 靑銅器文化와 支石墓』, 한국학중앙연구원공동연구팀.

오강원, 2011, 「중국 고고학계의 대석개묘론에 대한 비판적 검토와 새로운 제안」, 『고조선단군학』 25, 고조선단군학회.

오대양, 2006, 『한강본류 유역의 고인돌 연구』, 단국대학교 석사학위논문.

오대양, 2012, 「靑銅器文明 周邊 集團의 墓制와 君長社會」, 『湖西考古學』 26.

오상탁, 1986, 『韓國 支石墓의 一考察』, 영남대학교 석사학위논문.

우장문, 1986, 『한반도의 고인돌 문화에 대한 고찰 -황석리 고인돌 문화를 중심으로-』, 고려대학교 석사학위논문.

우장문, 2004, 「임진강 유역의 고인돌 분포와 특징」, 『선사와 고대』 21.

우장문, 2005, 『경기지역의 고인돌 문화 연구』, 경기대학교 박사학위논문.

우장문, 2006, 『경기지역의 고인돌 연구』, 학연문화사.

우장문, 2008, 「고인돌을 만든 사람들의 사유에 관한 연구」, 『선사와 고대』 29.

우장문, 2009, 「만주와 한반도 지역의 탁자식 고인돌에 대한 고찰」, 『백산학보』 84.

우장문, 2011, 「황해남도 지역의 고인돌 고찰」, 『고조선단군학』 25, 고조선단군학회.

우장문, 2012, 「황해북도 지역의 고인돌 고찰」, 『先史와 古代』 37, 한국고대학회.

우종윤, 1984, 『남한강유역의 선사문화연구』, 충북대학교 석사학위논문.

유재은, 1991, 『韓國 西北地方 支石墓 硏究』, 단국대학교 석사학위논문.

유태용, 2001, 『韓國 靑銅器時代 支石墓社會의 硏究 -築造集團의 社會階層 問題를 中心으로-』, 한양대학교 박사학위논문.

유태용, 2002, 「강화도 지석묘의 축조와 족장사회의 형성과정 연구」, 『博物館誌』 4, 인하대학교 박물관.

유태용, 2003, 『韓國 支石墓 硏究』, 주류성.

유태용, 2005, 「지석묘 암각화에 나타난 지석묘사회의 정치적 이념」, 『한국고대문화연구』, 백산자료원.

유태용, 2010, 「요동지방 지석묘의 성격 검토」, 『21세기 한국고고학Ⅲ』, 주류성.

윤호필, 2009, 「청동기시대 묘역지석묘에 대한 연구」, 『경남연구』 1.

윤호필, 2012, 「청동기시대 장송의례의 재인식」, 『무덤을 통해 본 청동기시대 사회와 문화』, 학연문화사.

윤호필, 2013, 『축조와 의례로 본 지석묘사회 연구』, 목포대학교 박사학위논문.

이남석, 1985, 「청동기시대 한반도 사회발전단계문제 -무덤변천을 통해 본 남한

지역 사회 발전-」,『百濟文化』16.

이동희, 2005,『전남동부지역 복합사회 형성과정의 고고학적 연구』, 성균관대학교 박사학위논문.

이동희, 2007,「여수반도 지석묘사회의 계층구조」,『고문화』70.

이동희, 2007,「지석묘 축조집단의 단위와 집단의 영역」,『湖南考古學報』26.

이동희, 2011,「지석묘 연구 현황과 과제」,『고고학 발굴과 연구』, 주류성.

이상균, 2000,「고창 지석묘군 상석 채굴지의 제문제」,『韓國上古史學會報』32.

이상균, 2001,「한반도 선사인의 죽음관」,『先史와 古代』16.

이상길, 1994,「지석묘의 장송의례」,『古文化』45.

이상길, 2000,『청동기시대 의례에 관한 고고학적 연구』, 대구효성가톨릭대학교박 사학위논문.

이상길, 2003,「경남의 지석묘」,『지석묘 조사의 새로운 성과』, 한국상고사학회.

이성주, 1999,「지석묘 : 농경사회의 기념물」,『한국 지석묘(고인돌)유적 종합조사 · 연구』, 문화재청 · 서울대학교박물관.

이영문, 1987,「전남지방소재 지석묘의 성격-분포 및 구조를 중심으로-」,『韓國考古學報』20.

이영문, 1989,「전남지방 마한소국 비정에 대한 고고학적 검토」,『韓國上古史』, 민음사.

이영문, 1990,「호남지방 지석묘 출토유물에 대한 고찰」,『韓國考古學報』25.

이영문, 1997,「인도의 거석문화」,『문화사학』6 · 7.

이영문, 1999,「중국 절강성지역의 지석묘」,『문화사학』11 · 12 · 13.

이영문, 2000,「한국 지석묘 연대에 대한 검토」,『선사와 고대』14.

이영문, 2002,『韓國支石墓社會硏究』, 학연문화사.

이영문, 2002,『韓國 靑銅器時代 硏究』, 주류성.

이영문, 2004,「세계문화유산속의 한국고인돌」,『세계 거석문화와 고인돌』, 동북아 지석묘연구소.

이영문, 2007,「한국 지석묘의 특징」,『아시아 거석문화와 고인돌』, 동북아지석묘 연구소.

이영문, 2012,「한국 지석묘 조사현황과 과제」,『한국 지석묘』, 국립나주문화재연 구소.

이영문, 2012,「동북아시아의 지석묘 특징」,『한국 지석묘』, 국립나주문화재연구소.

이융조, 1975,「양평 앙덕리 고인돌 발굴 보고」,『韓國史研究』11.

이융조, 1980,「한국 고인돌사회와 그 의식」,『東方學誌』23, 연세대학교 국학연구원.

이융조·하문식, 1989,「한국 고인돌의 다른 유형에 관한 연구」,『東方學誌』63.

이종철, 2003,「지석묘 상석운반에 대한 시론」,『韓國考古學報』50.

이청규, 1985,「제주도 지석묘 연구」,『耽羅文化』4.

이청규, 2012,「요동과 한반도 청동기시대 무덤 연구의 과제」,『무덤을 통해 본 청동기시대 사회와 문화』, 학연문화사.

이형구, 1987,「발해연안지구 요동반도의 고인돌무덤 연구」,『精神文化研究』32.

이형구, 1988,「渤海沿岸 石墓文化의 起源」,『韓國學報』50.

이형구, 1992,『강화도 고인돌 무덤 조사연구』, 한국정신문화연구원.

이형구, 2002,『강화 오상리 지석묘』, 선문대학교고고연구소.

임병태, 1964,「한국 지석묘의 형식과 연대문제」,『史叢』9.

임병태, 1964,『한국지석묘연구』, 고려대학교 석사학위논문.

임세권, 1976,「한반도 고인돌의 종합적 검토」,『白山學報』20.

장호수, 2000,『북녘의 고고학과 문화재관리』, 백산자료원.

전영래, 1984,『고창아산지구지석묘발굴조사보고서』, 전주시박물관.

정연우, 2001,「북한강유역 지석묘 연구」,『史學志』34.

정운백, 1957, 「조선 고대무덤의 연구」, 『문화유산』 57-2.

조진선, 1997, 「지석묘의 입지와 장축방향 선정에 대한 고찰」, 『湖南考古學報』 6.

조진선, 2004, 「전남지방 지석묘의 연구 현황과 형식변천 시론」, 『한국상고사학보』 43.

지건길, 1982, 「동북아시아 지석묘의 형식학적 고찰」, 『韓國考古學報』 12.

지건길, 1993, 「한반도 고인돌 문화의 원류와 전개 -서북지방 고인돌의 구조와 출토유물을 중심으로-」, 『圓光大馬韓·百濟文化』 13.

지건길, 2007, 「동서양 거석문화 비교 시론」, 『아시아 거석문화와 고인돌』, 동북아지석묘연구소.

최남선, 1927, 「암석숭배로서 거석문화까지」, 『東光』.

최몽룡, 1978, 「전남지방 소재 지석묘의 형식과 분류」, 『歷史學報』 78.

최몽룡, 1981, 「전남지방 지석묘사회와 계급의 발생」, 『韓國史研究』 39.

최몽룡, 1990, 「호남지방의 지석묘 사회」, 『한국고고학보』 25.

최민정, 2004, 『임진강유역의 고인돌연구』, 세종대학교 석사학위논문.

최복규, 1984, 『중도 고인돌 발굴조사보고』, 강원대학교 박물관.

하문식, 1985, 『우리나라 고인돌 문화의 연구 -금강과 남한강 유역을 중심으로』, 연세대학교 석사학위논문.

하문식, 1997, 『東北亞細亞 고인돌文化의 硏究-中國 東北地方과 西北韓地域을 中心으로-』, 숭실대학교 박사학위논문.

하문식, 1998, 「고인돌의 장제에 대한 연구(Ⅰ)-화장(火葬)을 중심으로-」, 『白山學報』 51.

하문식, 1998, 「중국 길림지역 고인돌 연구」, 『韓國上古史學報』 27.

하문식, 2000, 「중국 동북지구 고인돌의 기능 문제와 축조」, 『先史와 古代』 15.

하문식, 2001, 「고인돌의 덮개돌 운반에 대한 연구」, 『韓國上古史學報』 34.

하문식, 2003, 「한강유역 고인돌의 최근 연구 성과」, 『博物館紀要』 18, 단국대학교 석주선기념박물관.

하문식, 2004, 「고조선의 돌돌림 유적에 관한 문제」, 『단군학연구』 10, 단군학회.

하문식, 2005, 「고조선의 무덤연구」, 『남북학자들이 함께 쓴 단군과 고조선 연구』, 지식산업사.

하문식, 2006, 「북한 학계의 고조선 연구 경향」, 『白山學報』 74.

하문식, 2008, 「혼하유역 고인돌의 특이 구조와 성격」, 『東洋學』 43.

하문식, 2010, 「고조선 시기 고인돌 축조 방법 연구(Ⅰ)」, 『단군학연구』 22, 단군학회.

하문식, 2011, 「대동강 유역의 고인돌 연구」, 『고조선단군학』 25, 고조선단군학회.

하인수, 1989, 「영남지방의 지석묘」, 『伽倻』 3.

한국상고사학회, 2003, 『제30회 한국상고사학회 학술발표대회-지석묘 조사의 새로운 성과』.

한송이, 2010, 「남해안지역 묘역식 지석묘에 대한 일고찰」, 『경남연구』 3.

한용걸, 1999, 「고인돌무덤 건축에 사역된 로동의 성격에 대하여」, 『조선고고연구』 3.

한흥수, 1936, 「조선의 석기문화개관」, 『震檀學報』 4.

허옥림 저·최무장 역, 2010, 『요동반도 고인돌』, 백산자료원.

홍인국, 2003, 『江華 北部地域 酋長社會의 實體-高麗山 周邊 支石墓를 中心으로-』, 서강대학교 석사학위논문.

황기덕, 1965, 「무덤을 통하여 본 청동기시대의 사회관계」, 『고고민속』 4.

황기덕, 1973, 「무덤을 통하여 본 우리나라 청동기시대의 사회관계」, 『고고민속』 4.

甲元眞之, 1973, 「朝鮮支石墓の編年」, 『朝鮮學報』 66.

甲元眞之, 1978, 「西九州支石墓の一考察」, 『法文論叢』 41.

岡田貢, 1929, 「仁川近郊の 史蹟と說話」, 『朝鮮研究』.

梅原末治·藤田亮策, 1947, 『朝鮮古文化綜鑑』 1.

三上次男, 1961, 『滿鮮原始墳墓の研究』, 吉川弘文館.

松尾禎作, 1957,「北九州支石墓の研究」,『松尾禎作先生還曆記念論集 』, 佐賀縣.

朝鮮總督府, 1916,『大正五年朝鮮古蹟調査報告書』.

朝鮮總督府, 1942,『朝鮮古蹟調査資料』.

中村大介, 2007,「日本列島 彌生時代開始期前後의 墓制」,『아시아 거석문화와 고인돌 』, 동북아지석묘연구소.

平郡達哉, 2004,「일본 구주지방 고인돌과 보존현황」,『세계 거석문화와 고인돌』, 동북아지석묘연구소.

华玉冰, 2011,『中國東北地區 石棚硏究』, 科學出版社.

許玉林, 1994,『遼東半島石柵』.

橫山將三郞, 1953,「ソウル近郊の史前遺蹟」,『愛知大學文學論叢』5·6.

2

고인돌을 만든 사람들의 사유에 관한 연구
― 덮개돌의 굼(홈구멍)을 중심으로 ―

Ⅰ. 머리말

우리 민족의 터전이 되었던 지역은 만주와 한반도 지역이었고, 이를 뒷받침해주는 대표적인 유적이 고인돌이다. 고인돌은 한반도 전역은 물론 현재 중국의 요령성, 길림성지역에도 분포하고 있다. 이 중에서도 한반도에 가장 집중적으로 분포하는데, 남쪽으로는 제주도에서 북쪽으로는 함경북도 지역에 이르기까지 40,000기 이상이 골고루 위치하고 있다. 또 우리 민족의 터전이었던 길림·요령 지역에서도 수백 기가 발견되고 있다.[1]

우리나라에는 세계의 고인돌 중 절반 이상이 분포할 정도로 세계 고인돌의 중심지이고, 이 유적을 통하여 선사인들의 삶을 분석할 수 있는 다양한 고인돌이 전북 고창, 전남 화순, 인천 강화지역에 집중적으로 남아 있어 2000년 세계유산으로 지정되었다. 수만 기가 우리나라의 곳곳에 분포한다는 것 자체가 경이롭고, 몇 십 톤에서 백여 톤에 이르는 덮개돌을 1~2m 높이의 고임돌 위로 끌어올린 것이나 엄청난 무게를 버티고 굄돌이 수천 년이 지난 지금까지도 원형을 유지하고 있다는 점 등은 우리 선조들의 뛰어난 건축술을 잘 보여준 대표적인 예라고 할 수 있다.

고인돌에서 또 하나 흥미를 끄는 것은 덮개돌이나 굄돌에 만들어진 바위그림과 굼[2]이다. 이러한 흔적을 통해서 고인돌을 만든 당시 사람들의 예술성과 사고방식을 어느 정도 읽을 수 있다. 덮개돌에 새겨진 바위그림은 전국에 불

---

1) 하문식, 1999, 『고조선 지역의 고인돌 연구』, 백산자료원.
2) 굼은 홈구멍, 성혈 등으로도 불리는데 이 글에서는 굼으로 통일하고자 한다.

과 몇 기에만 남아 있으나[3] 굼은 전국적으로 수백 기의 고인돌에 적게는 1개에서 많게는 200여 개가 만들어져 있다. 이 글에서는 전국적인 고인돌에서 발견되는 굼에 대해서만 살펴보겠다.

한반도에는 850기 이상의 고인돌에 굼이 만들어진 것으로 파악되었지만 조사·발표되지 않은 지역을 포함하면 굼이 만들어진 고인돌이 900기 이상은 족히 될 것으로 예상된다.[4]

만주지역에도 수백 기의 고인돌이 넓은 지역에 걸쳐 분포하고 있지만 굼이 만들어진 고인돌은 1기에서만 보이는 것이 특징이다. 북한 지역도 대동강 유역과 황남 정동리 일대의 고인돌 270여 기에 굼이 있다는 보고는 있으나 정확한 내용이 발표된 바 없어서 자세한 상황을 파악하는 데는 한계가 있다.

이 글에서는 굼을 조사하는 과정에서 여러 가지 한계는 있었지만 한반도와 만주지역에 분포하는 굼 고인돌을 통하여 굼을 만든 사람들의 사유를 찾을 수 있는 만든 목적과 만들어진 시기, 분포 지역을 중심으로 살펴보겠다.

---

[3] 고인돌의 덮개돌에 바위그림이 새겨진 유적으로는 여수 오림동고인돌, 함안 도항리고인돌, 포항 인비리고인돌이 대표적이다.
[4] 북한에 분포한 270여 기의 굼 고인돌을 제외하고도 현재 남한 지역에서 581기의 굼 고인돌이 발견되었다.

Ⅱ. 연구 동향

고인돌에 새겨진 굼에 대한 언급은 1972년 황용훈이 경기도 양주 금남리고인돌의 조사에서 굼은 풍요를 기원하는 상징이라고 한 것이 처음이다.[5] 그 후 굼에 대한 본격적인 연구를 시작한 것은 이융조였다. 그는 경기도 양평 앙덕리고인돌을 발굴하고, 이 고인돌의 덮개돌에 만들어진 굼을 체계적으로 연구하여 우리나라 굼 연구의 토대를 닦았다.[6] 특히 무덤방에서 굼을 만들었던 도구가 발견된 점을 토대로 굼은 죽은 이의 친족들이 고인돌을 만드는 의식의 과정에서 만든 것으로 주장하였다. 고고학적 성과를 토대로 한 이 연구는 굼 연구의 방법 및 기준을 제시했다는 점에서 높이 평가되고 있다.

1980년대 굼의 연구 경향과 성격에 대하여 정리한 것은 이필영과 한창균이다.[7] 1987년 현지 조사를 토대로 고인돌, 자연바위, 마애불 등에 만들어진 굼이 당시에 만들어진 것만이 아니고 근래에 만들어졌을 가능성이 많다고 주장하였다.

1990년대 들어 남북한에서 굼에 대한 연구자가 늘어나게 된다. 1997년 송화섭은 전북지역의 굼 연구를 통해 고고학적 의미에서 농경생산에 따른 종교적인 상징적 표현으로, 사상사적인 측면에서는 삼신사상으로, 민속신앙적 측면에서는 기자신앙祈子信仰이나 농경신앙으로 전승되어 온 것으로 주장하였

---

5) 황용훈, 1972,「양주 금남리 지석묘 조사보고」,『慶熙史學』3.
6) 이융조, 1975,「양평 앙덕리 고인돌 발굴 보고」,『韓國史硏究』11. (한국사연구회), 55~99쪽.
7) 이필영·한창균, 1987,「바위구멍의 해석에 관한 시론-고고·민속 자료를 중심으로-」,『史學志』21, 단국대학교 사학회, 367~392쪽.

다.[8]

한편 김일권은 북한에서의 별자리설을 토대로 남한 고인돌에 새겨진 굼은 물론 윷판그림까지 연결시키면서 굼의 별자리설을 기정사실화 하였다. 그는 기존에 발표된 별자리 굼을 체계적으로 소개하였으며, 남한지역에서 제기되었던 별자리설을 일목요연하게 정리하였다.[9]

사실 남한의 고인돌 연구에서 처음으로 별자리설을 제기한 것은 이융조였다. 그는 1981년 충북 청원 아득이고인돌에서 출토된 돌판의 굼을 토대로 별자리설의 가능성을 언급하였다.[10] 그의 주장은 김일권과 박창범에 크게 영향을 주었다고 할 수 있다.[11] 이 외에 양홍진도 고인돌의 굼을 별자리 연구 차원에서 접근하고 있다.[12]

1995년 장명수는 고인돌에 새겨진 바위그림을 연구하는 과정에서 굼에 대하여 언급하기도 하였다.[13]

한편, 북한은 1993년 단군릉을 발굴·복원하면서부터 굼에 대한 연구를 본격적으로 시작하였다.[14] 특히 북한의 굼에 대한 연구는 고조선의 중심이 대동

---

8) 송화섭, 1997, 「전북지역의 성혈에 대한 고찰」, 『鄕土史와 民俗文化』 향토사연구논총Ⅱ, 한국향토사전국연합회, 52~96쪽.
9) 김일권, 1998, 「별자리형 바위구멍에 대한 고찰」, 『古文化』 51, 한국대학박물관협회, 123~156쪽.
10) 이융조, 1981, 「청원 아득이 유적의 선사무덤문화」, 『한국의 선사문화-그 분석연구』, 탐구당.
11) 박창범, 2002, 『하늘에 새긴 우리 역사』, 김영사.
12) 양홍진, 2010, 「홈이 새겨진 고인돌과 홈의 특징」, 『한국암각화연구』 31, 7~20쪽 : 양홍진·복기대, 2012, 「중국 해성(海城) 고인돌과 주변 바위그림에 대한 고고천문학적 소고(小考)」, 『東아시아古代學』 29. 313~342쪽.
13) 장명수, 1995, 「암각화를 통해 본 고인돌 사회의 신앙의식」, 『中央史論』 8, 중앙대사학연구회.
14) 김동일, 1996, 「별자리가 새겨진 고인돌무덤에 대하여」, 『조선고고연구』 3.

강이었다는 점을 합리화하기 위하여 이 지역의 선사유적을 철저히 조사하면서 부터이다. 이 과정에서 고인돌의 굼을 별자리와 결부시켜 고조선문화의 중심지가 대동강유역이라는 점을 합리화하는데 이용하였다.[15]

1996년 김동일은 평양 일대에 1만 4천 여 기의 고인돌이 분포한다고 밝히면서 이 고인돌 중 200여 기의 고인돌 덮개돌에서 굼을 발견하였다고 발표하였다.[16] 이어 북한 고인돌에서 발견되는 여러 예를 바탕으로 굼을 종합 정리하여 북한의 굼 연구의 토대를 닦았다. 그는 굼이 이미 신석기시대부터 만들어지기 시작하였으며, 주로 거북모양을 한 덮개돌에 나타나는데 그 이유를 땅의 신인 거북 등에 하늘의 신이라고 할 수 있는 별을 새겨 놓음으로써 하늘과 땅이 이어지는 것으로 해석하였다. 나아가 하늘의 신과 단군왕검을 연결시켜 고인돌이 고조선 시대에 만들어졌다는 점을 주장하고 있다. 또 덮개돌에 새겨진 굼의 배치가 별자리와 유사한 점을 들어 별자리가 만들어진 시기를 4,800년 전이라고 밝히기도 하였다. 이러한 그의 주장은 그 이후 지금까지 계속되고 있고 북한에서 굼이 별자리라는 주장이 정설로 받아들여지고 있다.

김동일의 별자리설은 대동강이 고조선의 중심이고 우리 역사의 중심이라는 주장을 합리화시키는 데 일조하고 있다. 즉 1999년 『조선고고연구』에서 장

---

15) 하문식, 2006, 「북한 학계의 고조선 연구 경향」, 『白山學報』 74, (백산학회), 53~77쪽.
16) 김동일의 별자리에 대한 연구는 1996, 「별자리가 새겨진 고인돌무덤에 대하여」, 『조선고고연구』 3 · 1996, 「증산군 룡덕리 고인돌에 대하여」, 『조선고고연구』 4 · 1997, 「증산군 룡덕리 10호 고인돌무덤의 별자리에 대하여」, 『조선고고연구』 3 · 1999. 「대동강류역은 고대천문학의 발원지」, 『조선고고연구』 1 · 1999. 「고인돌무덤에 새겨져있는 별자리의 천문학적 년대추정에 대하여」, 『조선고고연구』 4 · 2005. 「북두칠성 모양으로 배열되어 있는 구서리 고인돌무덤 발굴보고」, 『조선고고연구』 3 · 2005. 「고인돌무덤의 별자리-석각천문도」, 『남북학자들이 함께 쓴 단군과 고조선 연구』, 단군학회 엮음, 지식산업사 등이 있으며 김동일의 주장이 실려 있는 개설서로 되어 있는 1996, 『조선기술발전사』 4, 과학백과사전종합출판사 등이 있다.

우진의 「대동강류역은 인류의 발상지이며 조선 사람의 발원지」, 석광준의 「대동강류역은 청동기시대문화의 발원지이며 중심지」가 실렸다. 여기에서 김동일은 「대동강류역은 고대천문학의 발원지」라는 제목으로 고인돌의 별자리(굼)가 남한이나 요동지역에는 적은 수만 분포하나 대동강 유역에는 200여 기나 분포한다고 하면서 천문학의 발원지인 대동강이 우리 역사의 중심지임을 합리화하고 있다.

최근 황해남도 은천군 정동리 일대의 고인돌 조사 과정에서도 70여 기의 굼 고인돌이 발표된 바 있다.

2000년대에 들어와서 굼에 대한 연구는 세분화되어 간다. 2001년 송화섭은 고인돌에 새겨진 바위그림과 굼에 대하여 보다 구체적으로 분석하였다. 그는 굼은 조상숭배와 풍요다산을 연결시킨 농경의례 과정에서 만들었을 가능성이 높다고 주장하였다.[17]

2004년에 필자도 경기지역의 고인돌에 새겨진 굼을 종합적으로 분석한 바가 있다.[18] 여기에서 50개 이상의 굼이 만들어져 있는 고인돌은 일정한 거리를 두고 위치하고 있음을 밝혔고, 굼을 만든 목적을 지금까지의 여러 주장과는 달리 질병의 쾌유를 바라는 의식에서 만들어질 수도 있다고 주장한 바가 있다.

---

17) 송화섭, 2001. 「고인돌 암각화의 생성 배경과 상징성 연구」, 『白山學報』 59, 백산학회, 53~87쪽.
18) 우장문, 2004, 『경기지역의 고인돌 문화 연구』, (경기대학교 박사학위논문), 298~300쪽 : 2006, 『경기지역의 고인돌 연구』, 학연문화사.

Ⅲ. 고인돌에 만들어진 굼의 특징[19]

1. 굼을 만든 목적

굼을 만들기 위해서는 매우 많은 노력과 시간을 필요로 한다. 그러므로 굼을 만들기 위해서는 당시 사람들의 강력한 의지와 간절함이 없었다면 불가능한 것이다. 이러한 굼을 만드는 과정을 통하여 당시 사람들의 정신세계의 일면을 읽을 수 있는 것이다. 학자들은 굼을 만든 목적을 장례의식 과정에서 만든 친족집단 표시,[20] 질병 치료의 목적[21] 천둥경외사상의 표현, 불씨를 만들기 위한 것, 태양숭배사상 표현,[22] 풍요와 생산의 의미,[23] 장례식 예술의 표현,[24]

---

19) 굼 조사 및 연구에 도움을 주신 이융조(한국선사문화연구원)·우종윤(한국선사문화연구원)·하문식(세종대학교)·김진환(세종대박물관)·조영한(함안박물관), 우아영 등 여러 분께 감사를 드린다.
20) 이융조, 1980, 「양평 앙덕리 고인돌 문화」, 『한국 선사문화의 연구』, 평민사, 153~165쪽(필자가 인도네시아의 플로레스섬에 있는 겔라 마을을 방문했을 때 고인돌 옆에 굼이 새겨진 돌판을 볼 수 있었는데 주민들은 이것이 옛날 족장들의 계보를 표시한 것이라고 설명하였다.) : 장명수, 1995, 「한국 암각화의 편년」, 『韓國 岩刻畵의 世界』, 한국역사민속학회.
21) 우장문, 2004, 『앞 글』, 경기대학교박사학위논문, 298~300쪽.
22) Maringer, J., 1960, The Gods of Prehistoric Man(London: Weidunfeld and Nicolson), 180~187쪽.
23) 황용훈, 1972, 「양주 금남리 지석묘 조사보고」, 『앞 책』 3, 104쪽 : 송화섭, 2001, 「고인돌 암각화의 생성 배경과 상징성 연구」, 『白山學報』 59, 백산학회, 58~60쪽.
24) Levy,G.R., 1963, Religious Conceptions of the Stone Age and their Influence upon European Thoughts(New York:Harper Torch Book), 65~66쪽.

장례의식,²⁵⁾ 장식의 의미,²⁶⁾ 난생설화,²⁷⁾ 별자리설²⁸⁾ 등 다양한 해석을 낳고 있다.²⁹⁾

굼을 왜 만들었는가하는 여러 가지 주장 중 이 글에서는 요즈음 많이 제기되는 별자리설, 고고학적 자료를 토대로 제기된 친족 집단의 표시, 장수 및 질병 치료를 위한 목적에서 만들었을 것이라는 이야기에 대해서만 살펴보고자 한다.

1) 별자리

덮개돌에 만들어진 굼이 별자리라는 주장은 최근 남북한의 학자들에 의해 가장 활발하게 제기되고 있다. 북한에서는 이미 굼을 만든 목적은 별자리설이라는 주장이 거의 정설로 굳어진 상태이다. 그리고 남한에서도 별자리를 새긴 것이었을 것이라는 주장이 강력하게 제기되고 있다. 그 대표적인 예로는 충북 청원 아득이고인돌의 덮개돌에서 굼이 많이 발견되었는데 그 고인돌 아래에

---

25) Hawkes,J., 1963, History of Mankind(Ⅰ)(Prehistory London : George Allen & Unwin Ltd, 208쪽.
26) Stern, P. van. K., 1970, Prehistoric Europe(London : George Allen and Unwin Ltd.), 254~257쪽.
27) 김병모, 1981,「한국 거석문화 원류에 관한 연구(Ⅰ)」,『韓國考古學報』10·11, 71~72쪽.
28) 이융조, 1981,「앞 글」,『한국의 선사문화-그 분석연구』, 311~371쪽 : 김동일, 1996,「앞 글」,『고고연구』1996-3 : 이준걸, 1996,「단군조선의 천문지식은 고구려천문학의 기초」,『조선고고연구』3 : 박창범, 2002,『하늘에 새겨진 우리역사』, 김영사, 89~108쪽 : 조선기술전사편찬위원회, 1997,『조선기술발전사-원시고대편』, 174~175쪽 : 김일권, 1998,「앞 글」,『古文化』51, 129~130쪽 : 박창범 외, 2001,「청원 아득이고인돌유적에서 발굴된 별자리판 연구」,『한국과학사학회지』23-1.
29) 이 내용은 이융조(1980,「앞 글」,『한국 선사문화의 연구』, 평민사)와 유태용(2003,『韓國支石墓 硏究』, 주류성)의 저서 내용을 주로 참고하였다.

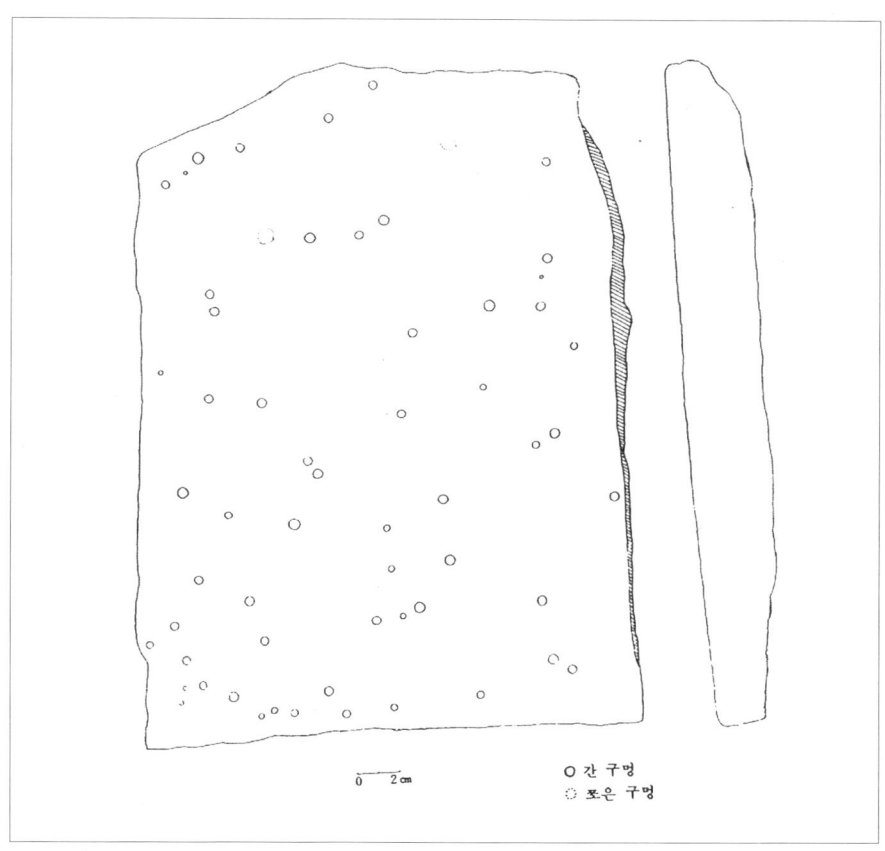

그림 1 청원 아득이고인돌의 돌판에 새겨진 굼

서 출토된 돌판에서도 작은 굼이 발견되고 있다는 점(참고 : <그림 1·2>,[30] 경기 하남 교산동고인돌의 배치가 북두칠성 형태라는 점<그림 3>,[31] 경기 용인

---

30) 박창범, 2002,『앞 책』, 김영사 : 박창범·이용복·이융조, 2001,「청원 아득이 고인돌 유적에서 발굴된 별자리판 연구」,『한국과학사학회지』23-1, 3~18쪽.
31) 세종대학교 박물관·하남시, 1999,『하남시의 역사와 문화유적』, 71~77쪽.

그림 2 청원 아득이고인돌의 굼

근삼리고인돌[32]과 경북 경산 대학리고인돌이 칠성바위라고 불리던 점 등이다. 또, 대구 칠성동과 충북 괴산의 칠성면도 고인돌에서 유래한 지명이라는 사실과 경기 남양주 삼봉2리 아양마을고인돌 역시 북두칠성 형태의 굼이 나타난다는 점 등을 들 수 있다. 이렇게 고인돌게 굼과 별자리는 여러 가지 면에서 매우 밀접한 관련이 있음을 여러 예에서 살펴볼 수 있다.

굼이.별자리와 관계가 있다고 보는 또 하나의 이유로 꼽을 수 있는 점은 높이가 낮은 개석식 고인돌에 주로 만들어져 있고, 탁자식 고인돌에 만들어진

---

32) 이인영, 1997, 『내고장 용인문화유산총람』, 53~54쪽.

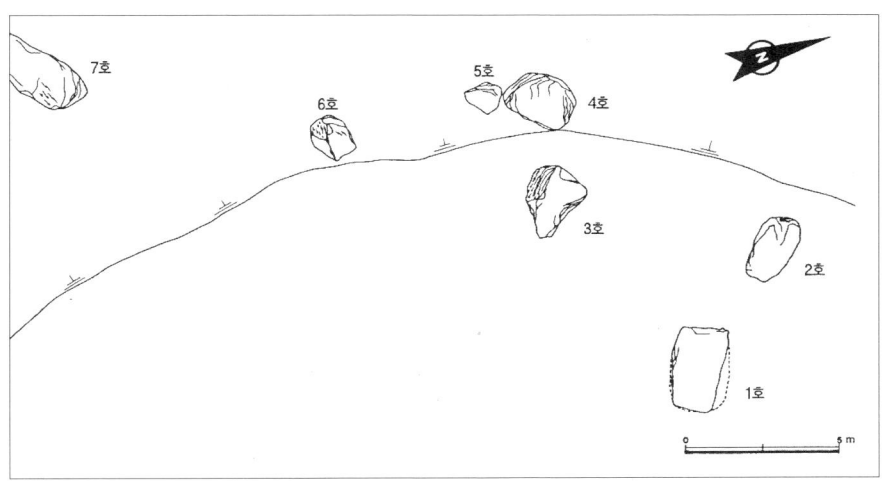

그림 3 하남 교산리고인돌

경우에도 덮개돌의 높이가 120㎝를 넘지 않는 비교적 낮은 고인돌에 주로 만들었다는 점이다. 낮은 고인돌에 주로 굼을 만든 이유는 별자리 교육을 용이하게 하기 위한 목적이었을 것으로 생각된다.

별자리 교육을 목적으로 만들었다는 주장은 울주 반구대의 바위그림이 어로나 수렵의 교육 목적으로 만들었다는 점과 관련지어 설명할 수도 있을 것이다. 그리고 하늘이 잘 보이는 비교적 높은 곳에 위치한 고인돌에 굼을 만들었다는 점도 별자리와 연결시킬 수 있다.

그러나 고인돌의 굼을 모두 별자리와 연결시키기에는 문제가 많다고 본다. 물론 몇 몇 고인돌의 굼에서는 확실한 별자리가 찾아지지만 굼 전체가 모두 별자리라는 인식은 곤란하기 때문이다.

표 1 별자리가 새겨진 북한지역 고인돌 무덤 일람표

번호	고인돌 무덤	유형	구멍수	확인된 별자리	천문학적 연대
1	강동 ㅅ-1호	침촌3	13	북두칠성, 자미원	4800년 여름경
2	증산 룡덕 10호	오덕1	68	북두칠성, 천리, 구진, 북극, 자미원, 팔곡, 내계, 문창, 관삭, 천배, 세사, 화개, 진사	4876년 ±215
3	상원 ㅂ-2호	오덕1	71	북두칠성, 내계, 세사, 상일, 태양수, 태준, 태미원, 자미원, …	4800년 여름
4	신양 ㅂ-703호	오덕1	5	관삭(북관별자리)	4700년
5	은천 ㅅ-11호	오덕1	63	정수, 5차, 필수, 묘수, 위수	4600년 가을
6	상원 ㅂ-26호	오덕1	27	대각, 관삭, 북두칠성, 항수, 각수(처녀별자리), 오제좌, 간원(사자별자리)	4500년 겨울
7	안악 ㄱ-2호	오덕1	64	직녀, 천률, 실수, 벽수, 규수, 루수, 필수	4500년 여름
8	상원 ㄱ-19호	오덕1	30	남두6성(사수별자리)	4500년 봄
9	신양 ㅈ-1호	오덕1	14	필수(황소별자리)	4500년 가을
10	은천 ㅂ-24호	오덕1	43	오제좌, 간원, 자미원, 북두칠성, 관삭, 칠공, 초요, 경하, 대각	4200년 봄
11	신양 ㅁ-3호	묵방1	16	각수, 항수, 태미원(처녀별자리)	4200년 봄
12	은률 ㄱ-3호	오덕2	6	관삭(북관별자리)	4000년 여름
13	은천 ㅎ-3호	오덕2	28	북극5, 구진, 자미원, 천리, 북두칠성, 천률	3944년±215
14	맹산 ㄷ-1호	오덕2	28	5차(마부별자리)	3800년 가을
15	강동 ㅎ-1호	오덕3	13	화개, 진사(쩨페우스별자리)	3700년 여름
16	은천 ㅂ-1호	오덕3	134	하고, 직녀, 천률, 자미원, 구진, 북극5, 정수, 삼수, …	3200년 여름

* 위 표는 김동일(1996. 「별자리가 새겨진 고인돌무덤에 대하여」, 『조선고고연구』 3)이 정리한 것임.

* 굵게 표시된 구멍 수는 50개 이상이 새겨진 굼이다. 이 외에 함남 함주 지석리고인돌에도[33] 50여개의 굼이 있어 50개 이상의 굼 고인돌이 북한에는 적어도 6기 이상은 된다고 할 수 있다.

---

33) 조선기술발전사편찬위원회, 1997, 『앞 책』, 백산자료원 영인, 177~178쪽.

2) 친족 집단의 표시[34]

굼에 관하여 고고학적 자료를 바탕으로 연구한 것은 이융조이다. 그는 양평 앙덕리고인돌의 발굴과정에서 굼을 만드는데 사용되었던 연모 54점을 찾아냈다. 그런데 이 연모에서는 굼을 만드는데 사용했던 흔적을 찾을 수 있으므로 결국 고인돌을 만드는 과정에서 굼을 만들었음을 보여주는 결정적인 자료가 된다고 주장하고 있다. 나아가 발굴자는 67개의 굼은 결국 54점의 연모와 관계가 있으며, 덮개돌을 무덤방에 올리기 전에 여기에 모였던 친족들이 어떤 의식을 행하는 과정에서 굼을 만든 것으로 해석하고 있다. 또 굼 만드는데 사용된 시간은 약 8시간 정도 소요된다는 구체적인 내용까지도 내놓고 있다.

결국, 양평 앙덕리고인돌에 새겨진 굼은 고인돌을 만드는 의식을 행하는 과정에서 그 자리에 참석 했던 친족들이 한 개씩 만들었을 것이는 주장이다. 이 연구는 고고학적 자료를 바탕으로 해석한 것으로 상상력을 동원한 다른 주장과는 차별화된 해석이라는 점에 큰 의의가 있다고 할 수 있다.

3) 질병 치료 및 장수의 기원

필자는 기존의 주장과는 달리 질병 치료 및 장수(長壽)를 기원하기 위해 굼을 만들었을 가능성이 있을 것이라고 제기한 바 있었다.[35] 질병 치료 및 장수를 기원하는 목적에서 만들었을 것이라는 예는 돌이 질병 치료와 밀접한 관계가 있고, 영국의 스톤헨지도 병을 치료하기 위해 모였던 장소라는 주장이

---

34) 이융조, 1975, 「앞 글」, 『韓國史研究』 11, 한국사연구회, 55~99쪽.
35) 우장문, 2004, 「앞 글」, 경기대학교 박사학위논문, 298~300쪽.

제기되고 있어 주목된다.³⁶⁾

질병 치료 및 장수를 위해서 굼을 만들었다면 그 고인돌은 굼이 없는 다른 고인돌과 차이가 있어야 할 것이다. 그런데 굼이 만들어져 있는 고인돌은 무리를 이루고 있을 경우에는 다른 고인돌에 비하여 대부분 규모가 크며, 무리에서 어느 정도 떨어진 거리에 단독으로 위치한 고인돌에 많은 수의 굼이 만들어져 있다.

이러한 대표적인 예로는 경기지역 고인돌의 경우 135개의 굼이 있는 이천 남정리고인돌은 평지에 위치한 다른 4기의 고인돌에 비하여 고인돌의 무리에서 130m 정도 떨어져 단독으로 구릉에 위치하고 있다. 또, 6기가 모여 있는 이천 현방1리 10호고인돌, 양평 앙덕리고인돌과 병산리 1호고인돌, 시흥 조남동 1호고인돌, 안산 월피동·양상동고인돌, 안산 선부동고인돌도 주변의 고인돌에 비하여 굼이 새겨진 고인돌이 훨씬 규모가 크다. 이 외에 50개의 홈이 있는 전남 보성의 남양리고인돌도 무리 중 가장 크며,³⁷⁾ 제주 외동 7호고인돌³⁸⁾도 마찬가지이다.

이 외에 단독으로 위치하지만 100여개의 굼이 발견되고 있는 경기 안성 만정리2호고인돌<그림 4·5>, 용인 맹리고인돌<그림 6·7>을 꼽을 수 있다. 강원 홍천 군업2리고인돌도 40여개의 굼이 발견되는데, 굼이 만들어진 고인돌은 다른 16기의 고인돌과는 일정한 거리를 두고 위치하고 있고,³⁹⁾ 37개의 굼이 있는 경북 문경 갈전리 10호고인돌 역시 무리에서 떨어진 곳에 위치하고

---

36) 조용헌, 2008.9.26, 「스톤헨지에서 고인돌까지」, 『조선일보』, 30쪽.
37) 전남대학교 박물관, 1985, 『住岩댐水沒地區地表調査報告書』.
38) 제주대학교 박물관, 1986, 『제주도유적』.
39) 고동순, 1999, 「강원도」, 『한국 지석묘(고인돌) 유적 종합조사·연구(Ⅱ)』, 문화재청·서울대학교박물관.

그림 4 안성 만정리 2호고인돌

그림 5 안성 만정리 2호고인돌의 굼

그림 6 용인 맹리고인돌

그림 7 용인 맹리고인돌의 굼

있다.[40]

　일반적으로 규모가 크거나 무리에서 떨어진 곳에 따로 위치한 고인돌은 섬김의 대상이 되기 쉽기 때문에 굼이 많이 만들어진 것으로 보인다.

　그럼 왜 굼을 만든 것일까? 그것은 인간이 가장 간절하게 기원하는 생명의 연장일 것이라는 점에서 유추할 수 있을 것이다. 즉 질병을 치료하여 장수하고자 하는 염원에 목적이 있었던 것이다. 그러므로 굼을 만든 목적은 질병 치료를 통하여 장수를 실현하기 위한 목적에서 만들었을 것이라는 유추가 가능할 것이다.

　굼이 질병 치료나 장수를 목적으로 만들었을 것이라는 근거는 다음과 같이 설명할 수 있다.

　첫째, 먹거리가 발달하지 못했고 저장 여건도 좋지 않았을 당시에는 배탈이 나는 경우가 잦았을 것이고, 심하면 죽기까지 했을 것이다. 지금도 버섯, 복어 등을 먹고 식중독으로 생명까지 잃는 경우가 있는데 당시에는 훨씬 잦았고 심했을 것이다. 즉 많은 사람들이 검증되지 않은 먹거리로 식중독에 걸려 복통을 호소하거나 배를 부여잡고 죽어갔을 것이다. 배가 아픈 경우에는 지금의 우리 습관과 마찬가지로 자연스럽게 배로 손이가고 고통을 줄이기 위하여 문질렀을 것이다.[41] 따뜻한 손으로 배를 만지거나 특히 문지르면 상태가 호전되는 경우가 많다. 배를 문지르면서 이유야 어떻든 간에 통증이 약해지는 것을

---

40) 문경새재 박물관, 2000, 『문경 아차마을 고인돌』.
41) 일본사람들의 경우 아이가 아프다고 하고 별로 대수롭지 않을 때는 가볍게 '치칭푸이푸이'하면서 아픈 부위를 문지르는데(이남교, 『대한교원신문』, 2003. 7. 12, 6면), 이는 우리 부모님들이 "내 손이 약손이다"라고 하면서 등이나 배를 문지르는 것과 흡사하다. 또 침을 놓은 부위를 문지르던 모습도 같은 경우라고 생각한다. 그리고 최근까지도 자식을 낳게 해달라고 하거나 무엇인가를 간절히 기원할 때 부처의 코를 갈아먹는 경우도 이와 관련지을 수 있을 것으로 생각된다.

느꼈을 것이고, 이러한 느낌은 문지르면 나아진다는 믿음을 가지게 했을 것이다. 또, 이러한 행위는 소원을 이루어준다는 단순한 논리로 이어졌을 것이다. 이러한 믿음의 대상은 거대하면서도 변치 않는 커다란 바위가 되었을 것이고, 이 바위를 돌로 문지르면서 가족이나 권력자들의 질병 치유나 장수를 기원했을 것이다. 바위 중 효험이 있다고 소문이 난 것에는 여러 사람들이 많이 와서 돌의 표면을 문지르면서 쾌유를 기원했기 때문에 백여 개가 넘는 굼이 만들어질 수 있었던 것이다. 굼은 그 크기도 작은 것에서 큰 것까지 다양한데 작은 것은 개인이 한 개씩 만든 것이라면, 큰 것은 가족이 했거나 아니면 다른 여러 사람들이 시차를 두고 같은 곳을 계속해서 갈았기 때문일 것이다.

본인이나 그 가족, 혹은 지배자가 통증을 호소할 경우에 크고 단단한 고인돌과 같은 돌 표면에 쾌유를 빌면서 효험이 있다고 믿는 대상에 며칠이고 정성스럽게 문지르며 기원하는 것이 당시에는 쉽게 볼 수 있는 풍경이었을 것이다.

굼을 만드는 풍습은 한반도의 전역<그림 8·9>에서 볼 수 있는 우리의 문화였고, 우리 조상들의 사고방식이었다고 할 수 있다. 특히 50개가 넘는 굼이 새겨진 고인돌이 있던 한강 주변이나 낙동강 유역, 대동강 유역에서 유행했던 문화였을 것이다.

둘째, 고인돌을 거북바위라고 부르고, 실제 거북모양을 한 고인돌이 많다는 점이다.

덮개돌을 장수의 상징으로 알려진 거북 모양으로 다듬어서 만들고 장수를 기원하거나 병이 걸렸을 때 이 덮개돌에 굼을 만들면서 치성을 드리면 질병이 나을 것이라는 믿음이 생기는 것은 지극히 자연스러운 논리이다.

거북고인돌 모양을 한 예는 남한에서는 양평 앙덕리고인돌<그림 10>, 부안 구암리고인돌<그림 11> 등 수없이 많다. 특히 북한의 고인돌 중에는 거북 형

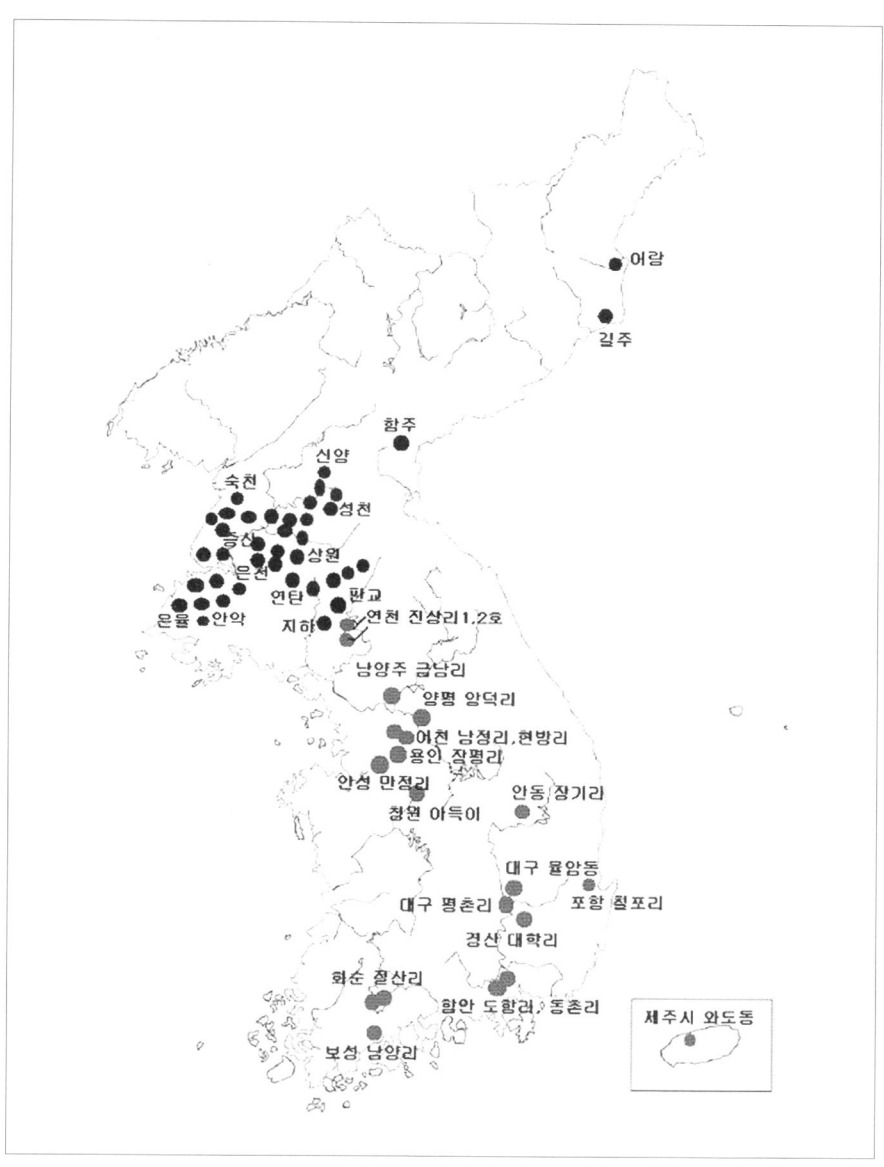

그림 8 굼이 있는 고인돌의 분포(남한은 50개 이상의 굼)

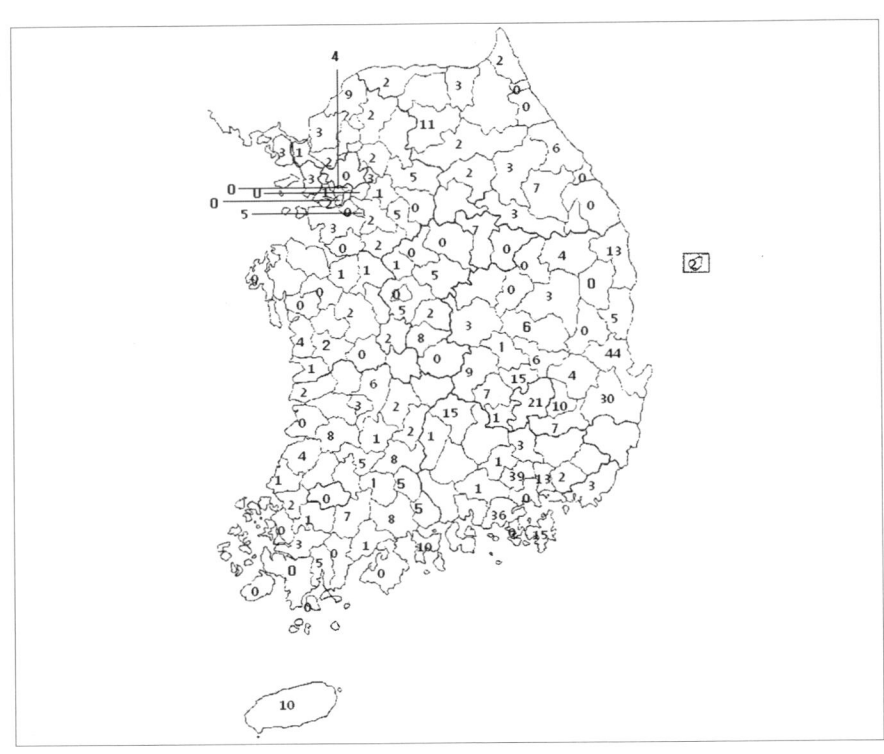

그림 9 남한 지역의 굽 고인돌 분포

상을 한 수많은 고인돌이 소개되고 있다.[42] 평양시 순안구역 2호, 용곡리 방울뫼 3·6·7·20호고인돌, 석천산 1호, 숙천읍 운정리 다복동고인돌, 평원군 원화리1·2·5·7·8호고인돌, 증산군 석다리 1·2호, 평성시 자모리, 성천군 구자리 1호, 맹산읍 인흥리 양지말, 연탄군 두무리 2·13·32·58호, 연탄군 정동리 망운산 3지점 6호, 정동리 우녕동 1지점 19호<그림 12>, 은천읍 남산리 1호

---

42) 석광준, 2003, 『각지 고인돌무덤 조사발굴보고』, 사회과학원출판사.

그림 10 양평 앙덕리고인돌(연세대학교 교정 이동)

그림 11 부안 구암리고인돌

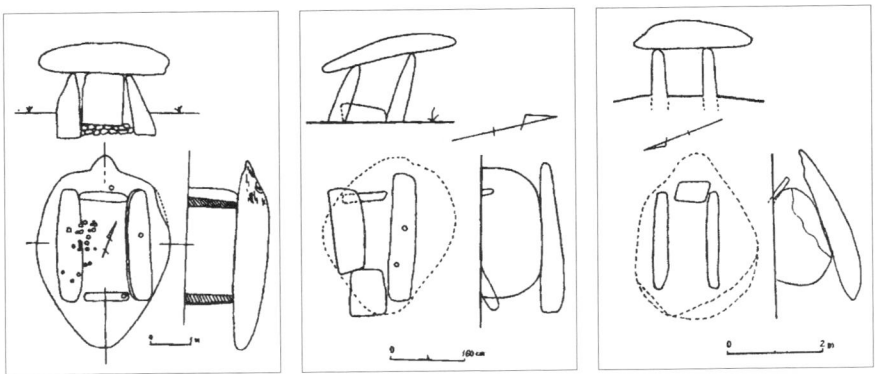

그림 12 정동리 우녕동고인돌 **그림 13** 황남 은천군 남산리고인돌 **그림 14** 신천읍 복우리고인돌

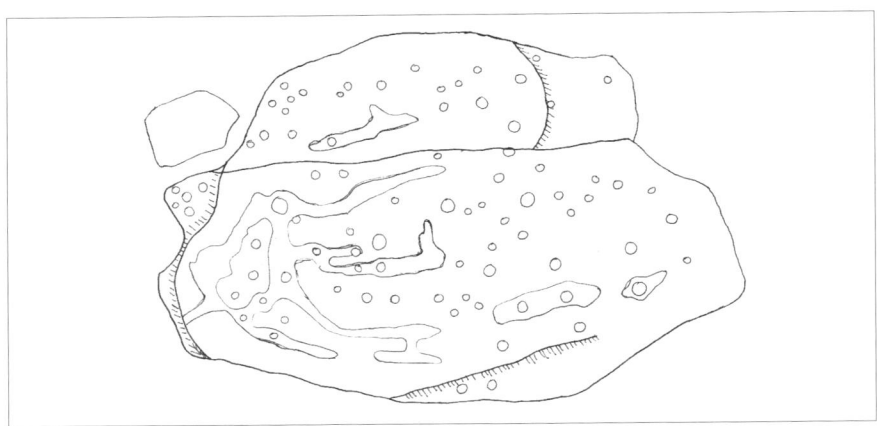

그림 15 평남 증산 용덕리고인돌

<그림 13>, 신천읍 복우리<그림 14>, 길주군 문암리 1호 등이 그 예이다.

이 중 평원군 원화리 원리고인돌, 연탄군 정동리 우녕동 19호고인돌, 은천군 남산리 1호고인돌, 길주군 문암리 1호고인돌에는 굼이 만들어져 있다. 특히 굼이 75개 이상 있는 평남 증산군 용덕리 고인돌<그림 15>은 거북 모양과 아주 유사하다.

셋째, 칠성신앙은 민속·무속·도교·불교 등에서 기우·무병장수·재물·영화를 기원하기도 하는데, 많은 고인돌을 칠성바위로 부르고, 지명에도 칠성이라는 용어를 사용하는 곳이 많다. 또 덮개돌에 만들어진 북두칠성 모양의 굼이나 하남 교산동 고인돌의 배치 등도 이를 뒷받침한다.

이렇게 굼은 질병의 치료와 장수를 기원하기 위하여 규모가 비교적 크고 신비하게 생긴 고인돌을 택해서 만들었고, 장수의 상징인 거북바위를 택했으며, 의도적으로 덮개돌을 거북 모양으로 만들기도 했다고 볼 수 있다.

2. 굼을 만든 시기

우리나라의 고인돌 축조 연대는 일반적으로 고인돌이 권력자의 무덤이고, 권력자가 나타난 시기가 청동기시대이며, 주변에서 민무늬토기가 많이 발견된다는 단순한 논리만으로 청동기시대라는 주장이 주류를 이루었다.

그러나 경기 양평 양수리고인돌 출토 숯의 연대측정 결과인 3,900±200bp(MASCA 이론으로 다시 계산하면 4,140~4,240bp)를 근거로 신석기시대부터 만들어졌다는 주장이 제기되면서 설득력이 더해지고 있다.

고인돌이 신석기시대부터 만들어지기 시작했을 것이라는 손진태[43]와 한흥수[44]의 주장은 과학적 근거를 가진 것은 아니지만 근래에 와서 과학적 자료가

---

43) 손진태, 1934, 「조선 돌멘(Dolmen)고」, 『開闢』 창간호, 16~26쪽·1948, 「조선 (돌멘)에 관한 조사연구」, 『朝鮮民族文化研究』, 1~41쪽.
44) 한흥수, 1935, 「조선의 거석문화연구」, 『震檀學報』 3, (진단학회), 132~147쪽·1936, 「조선의 석기문화개관」, 『震檀學報』 4, 127~145쪽.

제시됨으로써 인정을 받게 된 것이다.

과학적 자료와 타제 돌도끼, 빗살무늬토기 등 고고학적 유물을 통하여 고인돌이 신석기시대 중기부터 만들어졌다고 처음 제기한 것은 이융조이다.[45] 이후 임세권,[46] 이형구,[47] 박희현,[48] 하문식,[49] 우장문[50] 등도 신석기시대부터 만들어졌다는 주장을 하고 있다. 또 북한에서는 굄을 만든 연대가 지금부터 4,000년 이전으로 올라가는 경우가 많다. 이는 시기적으로 신석기시대에 해당한다고 볼 수 있다.

그럼 굄은 언제부터 만들어지기 시작하였는가? 굄은 고인돌을 만든 시기와는 무관하게 후대에 만들어졌다는 주장이 있어 고인돌을 만든 시기와 결부시키지 않으려는 경향이다. 그러나 일부는 후대에 만들어졌을 가능성도 있으나 대다수의 굄은 고인돌을 만드는 과정에서 혹은 고인돌을 만들기 이전에 만들어졌을 것이다.

고인돌을 만드는 과정에서 굄을 만들었을 것이라는 점을 뒷받침하는 근거를 들면 다음과 같다.

첫째, 경기 양평 앙덕리고인돌의 발굴 과정에서 굄을 만들 때 사용한 것으

---

45) 이융조는 양평군 양수리고인돌 출토 숯의 연대측정 결과(박찬걸·양경린, 1974. "KAERI Radiocarbon Measurements Ⅲ" Radincarbon, 16-2, 197쪽)인 3,900±200 bp와 양평 앙덕리고인돌에서 주로 뗀석기가 출토된 점을 토대로 신석기시대 중기부터 시작되었다고 주장하였다(이융조, 1975. 「양평 앙덕리 고인돌 발굴보고」, 『한국사연구』 11, 55~99쪽: 1981, 「한국 고고학의 연대결정에 대한 한 연구-MASCA의 방사성탄소 연대측정 해석을 중심으로-」, 『앞 책』, 탐구당, 412쪽).
46) 임세권, 1976, 「한반도 고인돌의 종합적 고찰」, 『韓國史硏究』 28, 109쪽.
47) 이형구, 1987, 「발해연안지구 요동반도의 고인돌 무덤 연구」, 『精神文化硏究』 32.
48) 박희현, 1984, 「한국 고인돌 문화에 대한 고찰 - 상한연대를 중심으로-」, 『앞 책』 46, 1~24쪽.
49) 하문식, 1985, 『앞 책』, 연세대학교 석사학위논문.
50) 우장문, 2004, 『앞 글』, 경기대학교 박사학위논문, 286~290쪽.

로 보이는 도구인 갈개와 쪼으개가 덮개돌 아래에서 대량 발견되었다. 이는 굼을 만들고 난 후에 고인돌을 축조했음을 보여주는 아주 중요한 근거라고 할 수 있다.

둘째, 청원 아득이고인돌의 경우 무덤방 주변에서 출토된 돌판에 작은 굼이 만들어져 있는데 덮개돌에도 굼이 있다<그림 1, 2>. 이는 돌판과 덮개돌에 굼이 같은 시기에 만들어졌을 것이라는 것은 누구나 추정 가능한 사실이다. 아득이고인돌에서 출토된 굼이 만들어진 돌판과 비슷한 돌판이 평남 증산 룡덕리 신석기시대 집자리에서도 발견된다.[51] 이는 고인돌이 신석기시대에 만들어졌을 것이라는 사실을 뒷받침하는 것은 물론, 신석기시대부터 굼이 만들어졌을 것이라는 점을 뒷받침하는 것이다.

셋째, 이천 남정리고인돌<그림 16·17>, 용인 장평리고인돌<그림 18·19>에는 각각 100개 이상의 굼이 있는데 덮개돌의 가장자리 부분에 만들어진 굼이 깨진 상태로 남아 있다. 이는 굼이 이미 만들어져 있던 바위를 덮개돌로 사용했을 것이라는 추정을 가능하게 한다.

굼이 고인돌을 만든 이후에 만들어졌을 것이라는 주장을 완전히 부인하는 것은 아니다. 이필영·한창균,[52] 송화섭,[53] 이동희[54] 등의 글에서 충분히 이를 입증하고 있다. 그러나 굼은 적어도 고인돌이 만들어진 시기나 그 이전에 만들어졌다는 점은 분명한 사실이다.

---

51) 조선기술발전사편찬위원회, 1997, 『조선기술발전사(원시·고대편)』, 백산자료원 영인, 175쪽.
52) 이필영·한창균, 1987, 「앞 글」, 『史學志』 21, 367~392쪽.
53) 송화섭, 1997, 「앞 글」, 『향토사와 민속문화』향토사연구논총Ⅱ, 한국향토사전국연합회, 52~96쪽.
54) 이동희, 1997, 『순천 용당동 죽림 지석묘』, 순천대학교 박물관, 145의 창촌 다 지석묘에는 굼 70여 개가 있는데 주민들이 참새를 지키면서 만든 것이라고 한다.

그림 16 이천 남정리고인돌

그림 17 이천 남정리고인돌의 굼

그림 18 용인 장평리고인돌

그림 19 용인 장평리고인돌의 굼

3. 분포 지역

굽이 새겨진 고인돌은 한반도에 850기(남한 580기 이상, 북한 270기 이상)[55] 이상 분포하고 있는데 분포상의 가장 큰 특징은 <그림 9>와 같이 전라·충남·강화 등 서해안 쪽에는 아주 적게 분포하고, 낙동강 유역인 경상도 지역에는 아주 많이 분포한다는 점이다.

즉, 강화, 전남, 충남의 해안 가까이에는 고인돌이 매우 밀집되어 있는데 비하여 굽이 있는 고인돌은 아주 드물다. 강화도의 경우 160여기 중 굽 고인돌은 3기에 불과하고[56] 2,500여 기의 전남 장흥, 1,900여 기의 전남 고흥, 1,200여 기의 고인돌이 분포하는 해남에는 굽 고인돌이 아예 없다.

반면 낙동강 유역의 경남 함안에는 167기 중 39기, 대구에는 210기 중 21기, 포항에는 361기 중 44기에 굽이 있어서 서남해안 지역과는 매우 대조를 이룬다.

경상도지역에서 굽이 많이 발견되는 것은 덮개돌에 바위그림이 그려져 있는 경주 석장동·포항 칠포리·울산 대곡리와 천전리의 바위그림과 밀접한 관련이 있는 것으로 보인다.[57] 바위그림과 바위면에 굽이 밀접한 관련이 있다는 것을 보여주는 예는 내몽골 적봉 삼좌점유적<그림 20·21>에서도 확인되고 있다.[58] 굽이 있는 바위와 얼굴모양의 바위그림이 가까운 거리에 배치되어 있어서 굽을 만드는 기술이 발달하면서 바위그림이 만들어졌을 가능성이 크다.

남서해안과 동남해안에 분포한 굽 고인돌을 좀 더 구체적으로 살펴보면 그

---

55) 굽 수는 각 지역의 『문화유적분포지도』와 각종 보고서를 참고하였다.
56) 우장문, 2004, 「앞 글」, 경기대학교 박사학위논문, 256쪽.
57) 송화섭, 2001, 「앞 글」, 『白山學報』 59, 53~87쪽.
58) 2008년 5월에 답사를 통해서 직접 목격하였다.

그림 20 내몽고 삼좌점 석성 내의 굼

그림 21 내몽골 삼좌점 석성 내의 바위그림

차이를 확연히 구분할 수 있다.

　남해안의 전남 고흥에서 강화도 지역까지 굼이 있는 지역은 전북 고창(4/1,300),[59] 충남 보령(4/500), 전남 강진(5/800) 정도이고, 전남 고흥(1,890)·장흥(2,500)·해남(1,260)·진도(422)·무안(500)에는 굼 고인돌이 한 기도 없다. 이러한 양상은 강화도지역까지 비슷하게 전개된다. 반면 경남 거제(15/555)·고성(36/196)·함안(39/167)·거창(15/185), 대구(21/210), 경북 칠곡(15/70)·포항(44/361)등 경상도 지역에는 남서해안보다 훨씬 많이 분포한다. 해안가의 분포만 보아도 앞에서 언급된 거제군, 포항시는 물론 경주에 30기, 울진에 13기, 강릉에 6기 등 전반적으로 동남 해안 쪽에 굼 문화가 유행했음을 알 수 있다.

　시·도별로 굼 고인돌이 가장 적게 분포되는 지역은 충남지역으로 총 15기에만 굼이 있다.[60] 태안·홍성·예산·논산군에는 아예 없고 아산·천안·서천에 1기, 공주·대전에 2기 정도가 분포하며, 500여 기의 고인돌이 분포하는 보령에 4기가 있을 정도이다. 충남 전 지역에 총 15기의 굼 고인돌만 분포하는데 포항지역에는 44기의 굼이 분포한다는 점과 대조를 이룬다.

　만주지역에는 수백기의 고인돌이 분포함에도 불구하고 굼 고인돌이 거의 없다. 굼이 발견된 고인돌은 해성 석목성析木城고인돌 뿐인데 굼이 덮개돌이 아닌 고임돌에 만들어져 있다.[61] 한 기에만 분포한다는 사실은 굼을 만드는 문화가 만주지역에는 발달하지 않았다는 사실을 보여주는 것이다.

　북한의 경우 대동강 부근에 1만 4천여 기의 고인돌이 있고 이곳 고인돌 중 200여 기에 굼이 있다는 언급과 황해남도 은천군 정동리 일대의 고인돌 조사

---

59) 4/1,300은 1,300기의 고인돌 중 4기에 굼이 있다는 것이다.
60) 충남 지역에서 서산·당진·청양·금산은 조사되지 않아서 제외되었다.
61) 하문식, 1999, 『앞 책』, 백산자료원, 49~50쪽.

과정에서도 70여 기의 굼 고인돌을 발견했다는 보도가 있으나[62] 구체적인 발표 자료는 없다. 북한지역의 경우 위 두 지역을 감안한다면 총 300기 이상 굼 고인돌이 분포하는 것은 확실한 것으로 보인다.

고인돌의 분포에서 나타나는 또 하나의 특징은 전남에는 고인돌 총 수가 19,000여 기에 달하나 분포하나[63] 굼 고인돌은 47기에 불과하다. 반면에 경북은 2,800여 기 중 192기, 경남은 1,200여 기 중 126기로 경상도 지역의 4,000여 기 중 318기의 고인돌에 굼이 있어서 전남지역과는 큰 차이를 보인다.

고인돌 분포 총 수 대비 굼 고인돌이 가장 많은 지역은 강원도로 총 380여 기 중 41기에 있어서 11% 정도인데, 이는 굼 고인돌 총수가 가장 많은 경남의 10% 보다도 높은 수치이다.

표 2 만주 및 한반도지역의 굼 고인돌

지역 구분	총수	50개 이상	미 조사된 시·군
강원도	41	0	인제, 태백
경기(서울, 인천 포함)	68	8	
경남(부산, 울산 포함)	126	3	울산, 양산, 밀양, 합천, 산청, 하동, 사천
경북(대구 포함)	194	5	영양
전남(광주 포함)	57	3	장성
전북	41	0	무주, 익산, 김제
제주	10	1	
충남(대전)	15	0	서산, 당진, 청양, 금산, 연기
충북	28	1	
북한	270	6	정확하지 않음
만주	1	0	
계	851	27	

---

[62] http://news.chosun.com(2008.5.12)
[63] 이영문, 1999, 「전라남도」, 『한국 지석묘(고인돌)유적 종합조사·연구(Ⅱ)』, 931~1000쪽.

<표 2>에서와 같이 한강과 임진강이 흐르는 경기지역에는 굼이 새겨진 68기 중 50개 이상 새겨진 고인돌이 8기로 전국 시·도 중에서 가장 많다는 특징이 있다.

4. 굼이 있는 고인돌의 형식

굼은 그 모양이 성스럽고, 무엇인가를 상징하며, 정성을 들여 만든 것이라서 규모가 크고 웅장한 탁자식 고인돌에 많이 새겨져 있을 것으로 생각할 수 있으나 그렇지만은 않다. 오히려 개석식에 더 많으며 또한 덮개돌의 크기와도 밀접한 관련은 없다.

경기지역의 경우 강을 중심으로 한 유역별로 굼이 있는 고인돌의 비율과 굼 수를 비교해보면 <표 3>과 같다.[3]

표 3 탁자식과 개석식 고인돌의 굼 수 비교

형식	구분	고인돌 수	굼이 있는 고인돌 수	굼 있는 고인돌의 분포비율(%)	한 기당의 평균 굼 수	비고
한강 유역	탁자식	140	9	8	7.7	교하리 9호는 평균 굼 수의 통계에서 제외
	개석식	307	35	15	17.3	·
	바둑판식	1	1	100	67	·
임진강 유역	탁자식	10	7	70	5.3	
	개석식	15	2	13	90	
	불명	9	2	22	7.5	
안성천 유역	탁자식	1	0	0	0	
	개석식	44	11	25	17.9	
	바둑판식	5	1	20	15	

<표 3>에서와 같이 탁자식 고인돌에 나타나는 굼의 수는 개석식에 비하여 비율이 월등히 낮다. 특히 임진강 유역의 경우 개석식 고인돌에는 평균 90개 정도의 굼이 있는데, 이는 연천 진상리 1·2호에 각각 100개와 80개가 새겨져 있어서 특별히 많은 것이다.[64]

반면 임진강과 한강 유역에 있는 탁자식 고인돌의 굼은 평균 10개를 넘지 못한다. 이것은 탁자식 고인돌에 개석식보다 훨씬 적게 만들어졌다는 사실을 확인해 준다.

경기지역 이외의 지역 고인돌도 대부분 개석식에 만들어져 있다.

남한에 위치한 고인돌의 경우 탁자식에도 있으나 극소수의 굼만 만들어져 있고, 대부분은 개석식에 만들어져 있다. 탁자식 고인돌이 비교적 많이 분포하고 있는 북한의 경우 평남 증산 룡덕리 10호 고인돌[65]은 주변에 훨씬 규모가 큰 탁자식이 함께 분포함에도 불구하고 197×137×35cm로 개석식을 한 비교적 작은 덮개돌에 75개의 굼을 새겼다.

탁자식 고인돌에 만들어진 것도 있으나 굄돌의 높이가 비교적 낮은 것에 대부분 만들어져 있다. 대표적인 것이 50여개의 굼이 있는 함남 함주 지석리 고인돌[66]인데 고인돌의 높이는 120cm로 성인들이 굼을 만들거나 보는 데에는 문제가 없다.

---

64) 우장문, 2004,「앞 글」, 경기대학교박사학위논문 ; 2006,『앞 책』, 학연문화사, 427~428쪽.
65) 조선기술발전사편찬위원회, 1997,『위 책』, 백산자료원 영인, 174~176쪽 : 김동일, 1996, 「앞 글」,『조선고고연구』1996-4 : 김동일, 1997,「앞 글」,『조선고고연구』1997-3 : 국립문화재연구소, 2004,『한국고고학전문사전』청동기시대편.
66) 조선기술발전사편찬위원회, 1997,『위 책』, 백산자료원 영인, 177~178쪽.

Ⅵ. 주요 유적

한반도의 고인돌에는 850기 이상에 굼이 만들어져 있으며, 그 중 50개 이상의 굼을 가진 고인돌은 전국에 27기 정도인데 이를 소개하겠다. 만주 지역에는 50개 이상의 굼 고인돌은 없지만 유일한 굼이 있는 석목성고인돌에 대해서 소개한다.

1. 북한지역

북한지역에 분포하는 고인돌을 전반적으로 연구한 학자는 하문식,[67] 석광준[68] 정도이다. 따라서 북한의 고인돌을 전체적으로 파악하는 데는 한계가 있다. 굼에 대해서도 마찬가지이다. 단지 평양에 1만 4천기가 있고 이 중 200여 기에 굼이 있다는 내용뿐이다.[69] 굼이 200여 기의 고인돌에 있다면 구체적으로 어느 곳의 고인돌에 굼이 몇 개나 만들어져 있는지 문헌으로 나타나야 하지만 간단한 소개 정도여서 북한의 굼 고인돌을 연구하는 데에는 한계가 있다는 아쉬움이 있다.

최근 황남 은천 정동리 일대의 고인돌 조사 과정에서도 70여 기의 굼 고인돌을 발견했다는 보도[70]가 있어서 현재 굼 고인돌이 270기 정도인 것을 감안

---

67) 하문식, 1999, 『앞 책』, 백산자료원.
68) 석광준, 2003, 『앞 책』, 사회과학원출판사.
69) 김동일, 1996, 「앞 글」, 『조선고고연구』 3, 31쪽.
70) http://news.chosun.com(2008.5.12)

한다면 최소 300기 이상의 굼 고인돌이 있을 것으로 추산된다.

50개 이상의 굼 고인돌이 있는 곳은 증산 룡덕리 10호, 상원 ㅂ-2호, 은천 ㅅ-13호, 안악 ㄱ-2호, 은천 ㅂ-1호와 함남 지석리 등 6기이다.[71] 이 중 다른 지역의 내용은 상세한 자료가 나오지 않아 <표 1>로 대신하고 평남 룡덕리와 함남 지석리고인돌에 대해서만 소개하고자 한다.

1) 증산 룡덕리고인돌[72]

평남 증산군 룡덕리 10호고인돌은 개석식으로 주변의 탁자식 고인돌과 구분된다. 덮개돌은 197×137×35㎝ 크기의 거북 모양으로 윗면에 굼이 75개 새겨져 있는데 조사자는 이를 별자리로 보고 있다. 이 굼은 별자리의 위치를 기준으로 지금부터 4,700년 전의 별자리로 추정하면서 고인돌도 같은 시기에 만들어진 것으로 보고 있다.

2) 함주 지석리고인돌[73]

함남 함주 지석리에 위치하고 북한의 국보 제1282호로 등록되어 있다. 덮개돌의 크기는 360×193×55㎝이며, 높이는 120㎝인 탁자식 고인돌이다.

---

71) 6기는 김동일(1996, 「앞 글」, 『조선고고연구』 3, 31쪽)에 등장하는 5기와 조선기술발전사편찬위원회, 1997, 『조선기술발전사(원시·고대편)』, 백산자료원 영인, 177~178쪽)의 내용에 등장하는 함남 지석리고인돌 1기를 합친 것이다.
72) 조선기술발전사편찬위원회, 1997, 『위 책』, 백산자료원 영인, 174~176쪽 : 김동일, 1996, 「앞 글」, 『조선고고연구』 1996-4 : 김동일, 1997, 「앞 글」, 『조선고고연구』 1997-3 : 국립문화재연구소, 2004, 『한국고고학전문사전』 청동기시대편.
73) 조선기술발전사편찬위원회, 1997, 『위 책』, 백산자료원 영인, 177~178쪽.

50여 개의 굼이 있는데 큰 것은 직경 10㎝, 깊이 3.5㎝ 정도이다. 북쪽의 학자들은 이것을 별자리로 해석하고 굼이 큰 것은 밝은 별로, 작은 것은 흐린 별로 간주하였다. 또 북극점으로 추정하는 별자리의 위치를 근거로 기원전 3,000년 전후에 만들어진 것으로 보고 있다.

2. 남한지역

남한 지역에서 굼이 있는 고인돌은 <표 2>와 같이 조사된 것만도 581기이다. 그러나 50개 이상의 굼을 가진 고인돌은 그리 많지 않다. 현재 50개 이상의 굼이 만들어져 있는 고인돌은 남한 전체에 21기이다.[74] 50개 이상의 굼을 가진 고인돌은 해변 가에 있는 경우는 드물고, 주로 강가에 위치한다는 공통점을 가지고 있다. 21기의 굼 고인돌은 <표 2>와 같이 경기지역 8기, 경상남·북도에 8기, 전남에 3기, 충북 1기, 제주도에 1기가 분포한다.

50개 이상의 굼이 새겨진 고인돌만을 간단하게 소개하면 아래와 같다.

---

74) 50개 이상이 있던 고인돌은 전남 화순군 한천면의 70여 개, 전남 백수면 대전리 터진개의 50개 이상(최몽룡, 1973, 「원시채석문제에 대한 소고」, 『고고미술』 138, 18쪽)이 있으나 자세한 내용이 없어서 소개는 생략했다.

그림 22 연천 진상리 1호고인돌

1) 연천 진상리 1호고인돌〈그림 22〉[75]

덮개돌의 크기는 270×240×30~66㎝로 약간 두툼하고, 평면 생김새는 네모꼴이며, 덮개돌의 가장자리는 손질된 흔적이 많다. 덮개돌 위쪽에는 지름 3~10㎝, 깊이 1~5㎝의 굼 100여 개가 있다. 암질은 화강암질 편마암이고, 놓여진 긴 방향은 동서로 옆의 임진강과 나란하다.

---

75) 최정필·하문식 외, 2001, 『연천지역 고인돌 조사보고서』, 182~196쪽 : 최정필·하문식 외, 2003, 『연천지역 고인돌 유적』, 62~64쪽(진상리 1·2호 모두 고인돌 공원으로 이전 복원하였다).

그림 23 연천 진상리 2호고인돌

2) 연천 진상리 2호고인돌〈그림 23〉

1호고인돌에서 700m쯤 떨어진 임진강변에 있었다. 덮개돌은 340×210×30㎝인데 여기에는 22×17㎝의 굼 1개 등 80여 개의 굼이 있다.

3) 이천 남정리고인돌〈그림 16 · 17〉[76]

신둔면 남정2리 산13-19에 덮개돌로 추정되는 화강암질 편마암 4기가 있는

---

76) 최정필 · 하문식 외 2000, 『이천지역 고인돌 연구』, 세종대학교박물관, 71~79쪽.

데, 이 고인돌에서 남동쪽으로 130m 거리에 '종지바위'라고 부르는 고인돌 1기가 있다. 이 고인돌이 자리한 곳의 지세는 얕은 구릉이 끝나는 지점으로 주위가 한 눈에 바라보이는 곳이다. 덮개돌은 긴 타원형으로 300×225×80㎝이다. 암질은 화강암질 편마암이며 긴 방향은 남북쪽이다.

덮개돌 위에는 지름 3~6㎝ 크기의 굼이 135개나 새겨져 있다. 굼은 먼저 쪼은 다음 갈아서 만든 것으로 보이며 일부는 굼끼리 서로 연결된 것도 있다.

4) 이천 현방리 민가 2호고인돌〈그림 24〉[77]

현방리에는 30여 기의 고인돌이 분포하고 있는데 현방리고인돌 가운데 가장 큰 이 고인돌은 420×300×70㎝이고, 놓인 방향은 북서 15°이며, 암질은 화강암질 편마암이다.

덮개돌 윗면에는 지름 4~7㎝ 크기의 굼 86개가 있다. 굼을 만든 수법은 2가지로 나누어지는데 하나는 쪼은 다음 갈았던 것 같고, 다른 하나는 갈아서 만든 것으로 보인다. 이 고인돌은 매년 세 번씩(음력 정월 이레, 7월 7일, 10월 보름) 제사를 지내고 있어 거석숭배의 한 측면을 볼 수 있다.

5) 안성 만정리2호고인돌〈그림 4·5〉[78]

공도읍 만정리 산 127-1임에 위치한다. 덮개돌의 크기는 290×214×25~30

---

[77] 최정필·하문식 외 2000, 『위 책』, 71~79쪽.
[78] 이 고인돌은 경기문화재단 부설 기전문화재연구원의 이동성연구원이 자료를 제공한 것이다.

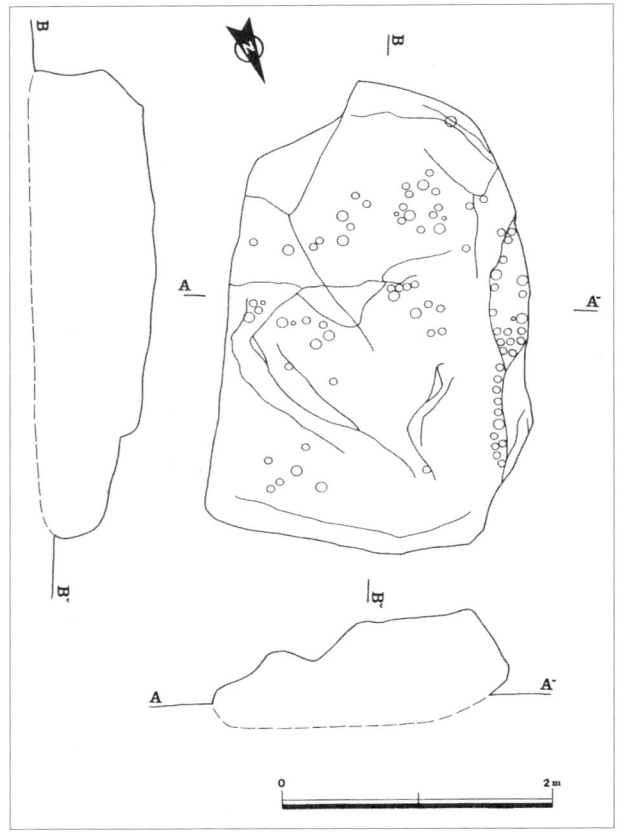

그림 24 이천 현방리고인돌

㎝이고 화강편마암이다. 개석식 고인돌로 덮개돌에는 150여 개의 굼이 조밀하게 만들어져 있다.

6) 남양주 금남리고인돌〈그림 25〉

화도면 금남리 새터부터 검터유원지 부근의 강가에 24기의 고인돌이 조사

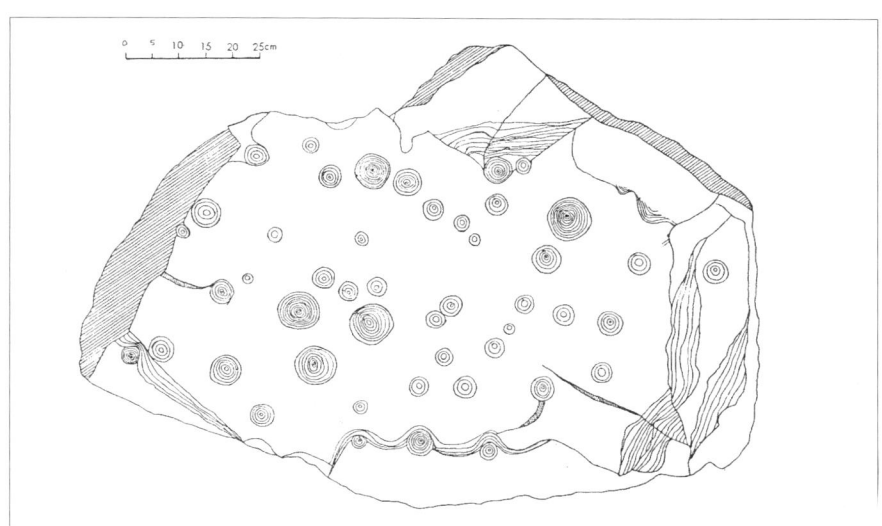

그림 25 남양주 금남리고인돌

되었다. 이 중 새터와 가까운 곳의 고인돌 6기에서 10~30개 내외의 굼이 발견되었다.[79]

편마암으로 된 5호고인돌의 덮개돌은 122×88×17㎝이고, 굼 52개가 있으며, 덮개돌 아래에는 30~40㎝의 굄돌 4개가 있다.

무덤방은 남북방향으로 강의 흐름과 나란하며 215×30×70㎝로 바로펴묻기가 가능한 크기이다. 껴묻거리는 무덤방에 없었고, 덮개돌 아래와 강돌을 깐 곳에서 다량의 민무늬토기가 발굴되었다.

---

79) 황용훈, 1972, 「앞 글」, 『慶熙史學』 3, 97~106쪽.

그림 26 양평 앙덕리고인돌의 굼

7) 양평 앙덕리고인돌〈그림 26〉[80]

개군면 앙덕리에 10여 기의 고인돌이 위치했었는데, 1970년과[81] 1997~1998년에 걸쳐 발굴조사가 이루어졌다.[82]

1970년에 발굴조사가 이루어진 'ㄷ21호 고인돌'이라 이름 붙여진 덮개돌의

---

80) 이 고인돌은 현재 연세대학교 박물관 옆 사료보관소 뜰에 이전 복원되어있다.
81) 손보기·이융조, 1974, 「앞 글」, 『팔당·소양댐 수몰지구 유적 발굴 종합조사 보고』, 115~169쪽 : 이융조, 1981, 「앞 글」, 『한국의 선사문화-그 분석연구』, 탐구당, 213~261쪽.
82) 단국대학교 중앙박물관, 1998, 『양평 앙덕리 유적』.

형태는 거북모양이어서, 다산·장수와 연결짓고 있다. 덮개돌의 크기는 220×170×30~50㎝이고 방향은 남북이다. 덮개돌과 지하구조 둘레를 자갈로 쌓았고, 바닥에는 돌을 깔지 않았으며, 형태는 일반적으로 바둑판식이라고 불리는 것이다. 또한, 덮개돌에는 67개의 굼이 있다. 특히 뗀석기와 조금 마모된 간석기가 출토되어 신석기 시대 중기의 유적으로 보고 있다.

8) 용인 장평리고인돌〈그림 18·19〉[83]

백암면 장평리 일원 율애마을 뒤편 구릉에 고인돌 2기가 100m 정도 떨어진 거리에 위치하고 있다. 이 중 1호는 사다리꼴이며 하부가 땅에 묻혀 있어 정확하게 파악하기는 어려우나 개석식 고인돌로 판단된다. 덮개돌에는 100여 개의 굼이 있는데 그 크기는 큰 것 하나만 8㎝이고, 나머지는 모두 작다. 화강암인 이 고인돌의 윗부분은 굼이 깨진 부분과 많이 접하고 있는 것으로 보아 굼이 있던 돌을 후대에 고인돌로 사용한 것으로 보인다. 덮개돌의 크기는 195×155×33㎝이며, 긴 방향은 동서이다.

9) 함안 도항리고인돌〈그림 27〉[84]

가야읍 도항리 일대의 8기 중 1기이다. 굼 170개와 동심원 6개가 확인된 덮개돌의 크기는 243×120×92㎝이다.

---

83) 한국토지공사 토지박물관·용인시, 2003, 『용인시의 역사와 문화유적』, 650~651쪽.
84) 아라가야향토사연구회, 1997, 『함안고인돌』.

그림 27 함안 도항리고인돌의 굼과 바위그림

10) 함안 동촌리고인돌〈그림 28 · 29〉[85]

동촌리에는 27기의 고인돌이 있는데 함안 지역 안에서는 제일 많은 고인돌이 분포한다. 동촌리의 고인돌 중 현재 원위치에 있는 것은 16기, 이전된 것이 10기, 매몰된 것이 1기로 대체로 보존 상태가 양호한 편이다.

이 중 덮개돌이 150×123×77㎝이고 개석식인 26호고인돌에는 398개의 굼이 만들어져 있어서 우리나라의 고인돌 중 가장 많은 굼을 가졌다.

---

85) 아라가야향토사연구회, 1997, 『위 책』.

그림 28 함안 동촌리고인돌

그림 29 함안 동촌리고인돌의 굼

또한 동촌리 7호고인돌에 65개의 굼이 만들어지는 등 이곳 고인돌 10기에 굼이 있다.

11) 경산 대학리고인돌[86]

현재 확인된 고인돌은 2기로 하부구조가 확인되지 않았으며, 덮개돌은 자연석을 그대로 사용하였다. 190×134×47~54cm인 덮개돌은 장방형이며 직경 5cm, 깊이 2cm 내외의 굼이 100여 개 만들어졌다. 이곳에는 7기의 고인돌이 있어서 '칠성바위'로 불렀다고 하나 공사로 대부분 파괴되고 2기만 남아 있다.

12) 안동 장기리고인돌[87]

북후면 장기리의 2기 중 1기로 덮개돌의 크기는 200×140×15~18cm이며 덮개돌 위에는 50여 개의 굼이 있다.

13) 포항 칠포리고인돌[88]

흥해읍 칠포리에는 수십 기의 고인돌이 있다. 이중 칠포리 2군 19호고인돌은 덮개돌이 230×230×80cm인데, 덮개돌에는 50여 개의 굼이 만들어져 있

---

86) 김권구, 1999, 「경상북도」, 『한국지석묘(고인돌)유적종합조사연구』Ⅱ, 문화재청·서울대학교 박물관, 741쪽.
87) 김권구, 1999, 「위 글」, 773쪽.
88) 이진택, 2003, 『포항지역의 고인돌에 관한 일연구』, 영남대학교 교육대학원, 68쪽.

다. 그리고 굼 사이를 선으로 연결해 놓은 특징이 있다.

14) 달성 평촌리고인돌[89]

구지면 평촌리 3호고인돌이다. 개석식 고인돌로 추정되는 덮개돌에는 85개의 굼이 있다.

15) 동구 율암동고인돌[90]

율암동에는 2기의 고인돌이 있는데(원래는 9기가 있었다고 함), 이중 1호고인돌에 74개의 굼이 있다. 덮개돌의 크기는 325×260×210㎝이다.

16) 보성 남양리고인돌[91]

겸백면 남양리에는 7기의 고인돌이 보성강의 흐름과 같은 방향으로 분포하고 있다. 이 중 230×190×70㎝의 크기로 이곳 7기 중 가장 큰 1호고인돌에는 굼이 50여 개가 만들어져 있다.

---

89) 김권구, 1999, 「경상북도」, 『한국지석묘(고인돌)유적종합조사연구』Ⅱ, 문화재청·서울대학교 박물관, 758쪽.
90) 김권구, 1999, 「위 글」, 761쪽.
91) 최몽룡·이영문, 1985, 『住岩댐水沒地區地表調査報告書』, 전남대학교박물관, 92~93쪽.

17) 화순 절산리고인돌[92](2기)

　남면 절산리는 동복천과 사평천이 만나는 지점으로 12기가 분포하는데 장선마을 앞으로 9기, 방죽골에 3기가 분포한다. 굼 104개가 있는 장선마을 3호 고인돌은 230×190×60cm이다.
　굼 300여 개가 있는 장선마을 1호고인돌은 320×240×70cm이다.
　굼이 많은 두 고인돌 모두 여러 고인돌 중에서 특별히 크거나 작지 않고, 모두 개석식 고인돌이다.

18) 제주 외도동고인돌[93]

　제주시 외도동의 외도천 옆 구릉지대에는 8기의 고인돌이 분포한다. 이 중 3호고인돌은 덮개돌이 232×198×89cm인데 굼 65개가 만들어져 있다.

19) 청원 아득이고인돌[94]

　충청북도 청원군 문의면 가호리 아득이마을에 위치하며 덮개돌은 둘로 깨어졌는데 크기가 304~278×275×40~55m이고, 214개의 굼이 있다. 긴 방향은 강물의 흐름과 나란하다. 무덤방은 노랑모래를 깔고 판돌을 놓아 바닥을 마련하였으며, 크기가 214×106cm로 바로펴묻기를 하였다. 또한 무덤방에는 막

---

92) 최몽룡·이영문, 1985,『위 책』, 36~37쪽.
93) 국립문화재연구소, 2004,『한국고고학전문사전-청동기시대편-』, 414~415쪽.
94) 이융조, 1981,「앞 글」,『한국의 선사문화-그 분석연구』, 탐구당.

음돌을 세우기 전에 불을 피웠던 자취가 찾아져 화장의 가능성을 시사한다. 부장 유물은 반암자갈돌, 쇠뿔모양토기 손잡이, 가락바퀴와 돌끌 조각이 있다.

고인돌에서 약간 떨어진 곳에서는 판판한 네모꼴로 만든 돌판이 발견되었는데, 이 돌판에는 작은 굼 65개가 만들어져 있어 이 굼을 별자리로 추정하였다.

3. 만주 지역

1) 해성 석목성(析木城) 고인돌유적[95] 〈그림 30·31〉

요령성遼寧省 해성시海城市 석목진析木鎭 달도욕촌達道峪村 서북쪽의 고수석촌姑嫂石村에 있는 고수석산 남쪽 비탈의 구릉 끝인 높은 대지 위에 위치한 2기 중 1호이다. 580×520×20~50㎝ 크기의 덮개돌은 긴 네모꼴이며, 굄돌과 막음돌이 밖으로 나와 있다. 동·서 굄돌은 아래가 넓고 위가 좁은 사다리꼴이며, 245×224×30~40㎝이다. 막음돌 앞의 넓적한 돌은 빈 공간으로 남아 있는 부분을 막는 문돌 기능을 한 것 같으며, 이 문돌 위쪽에 2줄의 작은 굼 33개 있다. 굼의 크기는 큰 것이 지름 4㎝, 깊이 2㎝쯤 된다.

---

95) 하문식, 1999, 『앞 책』, 백산자료원, 49~51쪽.

그림 30 해성 석목성고인돌

그림 31 해성 석목성고인돌의 굼

V. 맺음말

한반도와 만주지역에는 고인돌을 만든 사람들의 사유가 담긴 굼(홈구멍)이 850여 기에서 발견되었다. 이 굼을 만든 목적 및 시기, 분포 등은 다음과 같다.

1. 고인돌에 굼을 만든 목적이 북한과 남한의 일부 학자들이 별자리를 새긴 것이라는 주장과 고고학적 자료를 근거로 한 친족 집단이 고인돌을 축조하는 과정에서 만들었다는 주장 등이 있으나, 필자는 굼이 질병 치료나 장수를 기원하면서 만들었을 가능성도 있다고 본다. 그 이유는 아래와 같다.

 1) 보관 상태도 좋지 않고, 독이 든 어패류나 버섯 등을 잘못 먹어서 식중독 등의 배탈로 죽는 경우가 많았을 것이다. 이때 배를 문지르면 통증이 완화된다는 점에 착안하여 덮개돌에 굼을 만들면서 쾌유를 빌었을 것이다.

 2) 굼이 장수를 상징하는 북두칠성 모양으로 새겨져 있거나, 고인돌이 북두칠성 모양으로 배치된 경우가 많다.

 3) 무리를 이루고 있는 경우 규모가 크거나, 단독으로 위치하여 신앙의 대상이 되었던 고인돌에 굼을 많이 만들었다.

 4) 장수를 상징하는 거북모양의 고인돌에 굼을 만들거나 의도적으로 덮개돌을 거북 모양으로 만들었다는 점 등이다.

2. 굼이 고인돌을 만든 이후에 만들어졌을 가능성도 있지만 고인돌을 만드는 과정이나 그 이전에 새겨진 것이 대부분일 것으로 보인다. 이를 뒷받침하는 근거는 다음과 같다.

 1) 경기 양평 앙덕리고인돌에서 굼을 만드는데 사용되었던 뚜르개-쪼으개가 고인돌 내에서 발견되었다.

 2) 충북 청원 아득이고인돌에서 출토된 돌판과 덮개돌에 모두 굼이 새겨

3) 경기 이천 남정리고인돌과 용인 장평리고인돌의 덮개돌에 새겨진 굼은 덮개돌로 사용하기 이전에 만들어진 것으로 추정되는 점 등이다.

　3. 신석기시대에 만들어진 청원 아득이고인돌의 돌판과 덮개돌에 굼이 있다는 점과 뗀석기와 신석기시대의 유물이 출토된 앙덕리고인돌에 굼이 있다는 점, 별자리(굼)가 만들어진 고인돌이 4,000년 이전에 만들어진 것이라는 북한의 주장 등은 이미 신석기시대부터 굼이 만들어졌음을 뒷받침한다.

　4. 굼은 주로 개석식 고인돌에 집중적으로 만들어져 있다. 탁자식에도 만들어진 것이 있으나 굼의 수가 적은 것이 대부분이고, 많은 수의 굼이 새겨진 것은 개석식 고인돌이다.

　5. 한반도와 만주에 분포하는 굼 고인돌의 분포에서 나타나는 현황 및 특징은 다음과 같다.

　　1) 한반도와 만주지역에는 850(북한의 270기 포함)여 기의 굼 고인돌이 분포하는 것으로 조사되었으나, 누락된 지역을 감안하면 900기 이상의 굼 고인돌이 분포했을 것이다.

　　2) 낙동강 유역의 경상도 지역에 가장 조밀하게 분포하는데, 전국 굼 고인돌의 절반 정도가 이 지역에 있다.

　　3) 20,000기 정도로 추정되는 전남 지역은 물론 전북, 충남, 강화 등 서해안쪽에는 극히 적은 수의 고인돌에만 굼이 있다.

　　4) 북한지역은 대동강 부근에 200여 기, 황남 은천 정동리 일대에서 70여 기의 굼 고인돌이 보고되고 있다.

　　5) 요령지역에는 해성 석목성고인돌에 유일하게 굼이 있다.

　　6) 50개 이상의 굼이 만들어진 고인돌은 전국에 27기인데 한강, 임진강, 대동강, 낙동강 유역에 주로 분포한다.

【참고문헌】

고동순, 1999,「강원도」,『한국 고인돌(지석묘)유적 종합조사 · 연구』, 문화재청 · 서울대학교 박물관.

국립문화재연구소, 2004,『한국고고학전문사전-청동기시대편』.

김권구, 1999,「경상북도」,『한국 고인돌(지석묘)유적 종합조사 · 연구』, 문화재청 · 서울대학교 박물관.

김동일, 1996,「별자리가 새겨진 고인돌무덤에 대하여」,『조선고고연구』3.

김동일, 1996,「증산군 룡덕리 고인돌에 대하여」,『조선고고연구』4.

김동일, 1997,「증산군 룡덕리 10호 고인돌무덤의 별자리에 대하여」,『조선고고연구』3.

김동일, 1999,「대동강 류역은 고대 천문학의 발원지」,『조선고고연구』1.

김동일, 1999,「고인돌무덤에 새겨져있는 별자리의 천문학적년대추정에 대하여」,『고조선 연구』4.

김동일, 2005,「북두칠성모양으로 배렬되여있는 구서리고인돌무덤 발굴보고」,『고조선 연구』3.

김일권, 1998,「별자리형 바위구멍에 대한 고찰」,『古文化』51, 한국대학박물관협회.

단국대학교 중앙박물관, 1998,『양평 앙덕리 유적』.

단군학회, 2005,『남북학자들이 함께 쓴 단군과 고조선 연구』, 지식산업사.

대가야박물관, 2008,『고령의 암각유적』.

문경새재박물관, 2000,『문경 아차마을 고인돌』.

문화재청 · 서울대학교박물관, 1999,『한국지석묘(고인돌)유적종합조사연구』.

박창범 · 이용복 · 이융조, 2001,「청원 아득이고인돌유적에서 발굴된 별자리판 연구」,『한국과학사학회지』23-1.

박창범, 2002, 『하늘에 새긴 우리 역사』, 김영사.

박희현, 1984, 「한국 고인돌 문화에 대한 고찰-상한연대를 중심으로-」, 『韓國史硏究』 46.

석광준, 2002, 『조선의 고인돌무덤 연구』, 중심.

석광준, 2003, 『각지 고인돌무덤 조사발굴보고』, 사회과학원출판사.

세종대학교 박물관 · 하남시, 1999, 『하남시의 역사와 문화유적』.

손보기 · 이융조, 1974, 「양평군 양근리지역, 양덕리지역 유적발굴보고」, 『팔당 · 소양댐 수몰지구 유적 발굴 종합조사보고서』, 문화공보부 · 문화재관리국.

손진태, 1934, 「조선 돌멘(Dolmen)고」, 『開闢』 창간호.

손진태, 1935, 「조선 돌멘에 관한 조사연구」, 『朝鮮民族文化硏究』.

송화섭, 1997, 「전북지역의 성혈에 대한 고찰」, 『鄕土史와 民俗文化』, 한국향토사전국연합회.

송화섭, 2001, 「고인돌 암각화의 생성 배경과 상징성 연구」, 『白山學報』 59.

아라가야향토사연구회, 1997, 『함안고인돌』.

양홍진, 2010, 「홈이 새겨진 고인돌과 홈의 특징」, 『한국암각화연구』 31.

양홍진 · 복기대, 2012, 「중국 해성(海城) 고인돌과 주변 바위그림에 대한 고고천문학적 소고(小考)」, 『東아시아 古代學』 29.

우장문, 2004, 『경기지역의 고인돌 문화 연구』, 경기대학교 박사학위논문.

우장문, 2006, 『경기지역의 고인돌 연구』, 학연문화사.

우장문, 2006, 「경기지역의 고인돌에 새겨진 굼의 연구」, 『先史와 古代』 25.

유태용, 2003, 『韓國支石墓硏究』, 주류성.

이동희, 1997, 『순천 용당동 죽림 지석묘』, 순천대학교박물관.

이영문, 1993, 『전남지방 지석묘 사회의 연구』, 한국교원대학교 박사학위논문.

이영문, 1999, 「전라남도」, 『한국 고인돌(지석묘)유적 종합조사 · 연구』, 문화재청 ·

서울대학교 박물관.

이융조, 1975,「양평 앙덕리 고인돌 발굴 보고」,『韓國史硏究』11.

이융조, 1981,「청원 아득이 유적의 선사무덤문화」,『한국의 선사문화-그 분석연구』, 탐구당.

이인영, 1997,『내고장 용인 문화유적 총람』.

이준걸, 1996,「단국조선의 천문지식은 고구려천문학의 기초」,『고조선연구』3.

이진택, 2003,『포항지역의 고인돌에 관한 일연구』, 영남대학교교육대학원.

이필영·한창균, 1987,「바위구멍의 해석에 관한 시론 -고고 민속자료를 중심으로-」,『史學志』21.

이형구, 1987,「발해연안지구 요동반도의 고인돌 무덤 연구」,『精神文化硏究』32.

임세권, 1976,「한반도 고인돌의 종합적 검토」,『韓國史硏究』28.

장명수, 1995,「암각화를 통해 본 고인돌 사회의 신앙의식」,『중앙사론』8, 중앙대 사학연구회.

조선기술발전사편찬위원회, 1997,『조선기술발전사-원시고대편』.

전남대학교 박물관, 1985,『주암대 수몰지구 지표조사 보고서』.

제주대학교 박물관, 1986,『제주도 유적』.

최몽룡·이영문, 1985,『주암댐수몰지구지표조사보고서』.

최정필 하문식 외, 2000,『이천지역 고인돌 연구』, 세종대학교박물관.

최정필 하문식 외, 2001,『연천지역 고인돌 조사보고서』, 세종대학교박물관.

하문식, 1999,『고조선 지역의 고인돌 연구』, 백산자료원.

하문식, 2006,「북한 학계의 고조선 연구 경향」,『白山學報』74.

한흥수, 1935,「조선의 거석문화 연구」,『震檀學報』3.

한흥수, 1936,「조선의 거석문화 개관」,『震檀學報』4.

한국토지공사박물관·용인시, 2003,『용인시의 역사와 문화유적』.

황용훈, 1972,「양주 금남리 지석묘 조사보고」,『慶大史學』3.

Hawkes,J., 1963. *History of Mankind*(Ⅰ)(Prehistory London : George Allen & Unwin Ltd, 208.

Levy,G.R., 1963. *Religious Conceptions of the Stone Age and their Influence upon European Thoughts*(New York:Harper Torch Book).

Maringer, J., 1960. *The Gods of Prehistoric Man*(London: Weidunfeld and Nicolson).

Stern, P. van. K., 1970, *Prehistoric Europe*(London : George Allen and Unwin Ltd.).

3

만주와 한반도 지역의 탁자식 고인돌에 대한 고찰

Ⅰ. 머리말

우리나라의 고인돌 연구는 일제시대부터 시작되어 지금까지도 크고 작은 규모의 발굴·조사가 진행되고 있으며, 많은 학자들이 고인돌 사회의 복원을 위하여 꾸준히 노력하고 있다. 지금까지의 고인돌 연구는 형태, 규모, 분포 등을 토대로 당시의 집단 규모, 고인돌을 만든 사람들의 신앙, 고인돌을 만드는 데 동원된 노동력이나 운반 경로[1] 등을 밝히려는 노력이 주로 진행되어 왔다. 연구 범위도 남한뿐만 아니라 북한 지역과 중국의 요령성, 길림성, 절강성 및 일본에 분포한 고인돌 연구도 활발히 진행되고 있고, 동남아시아 및 인도, 유럽의 고인돌에 대한 연구도 꾸준히 진행되고 있다. 이같이 많은 연구자들의 계속된 노력으로 고인돌 사회에 대한 신비가 하나씩 벗겨지고 있다.[2]

고인돌의 출현은 거대한 규모와 유물을 바탕으로 지배자의 무덤이었을 것

---

[1] 이융조, 1975, 「양평 앙덕리 고인돌 발굴」, 『韓國史硏究』 11 : 임세권, 1976, 「한반도 고인돌의 종합적 검토」, 『白山學報』 20, 89~92 : 최몽룡 1977, 『나주 보산리 지석묘발굴조사보고서』, 13 : 지건길, 1983, 「지석묘사회의 복원에 관한 일고찰」, 『梨大史學研究』 13·14, 4~5쪽 : 하문식, 1988, 「금강과 남한강유역의 고인돌문화 비교 연구」, 『孫寶基博士停年紀念考古人類論叢』, 557~558쪽 : 최성락·한성욱, 1988, 「지석묘 복원의 일례」, 『全南文化財』 2, 17~19쪽 : 하문식·김주용, 2001, 「고인돌의 덮개돌 운반에 대한 연구」, 『韓國上古史學報』 34, 53~80쪽.

[2] 이형구, 1987, 「渤海沿岸地區 遼東半島의 고인돌무덤 硏究」, 『정신문화연구』 32 : 김정희, 1988, 「東北아시아 支石墓의 연구」, 『崇實史學』 5 : 김정배, 1996, 「韓國과 遼東半島의 支石墓」, 『선사와 고대』 7 : 하문식, 1999, 『古朝鮮 地域의 고인돌 硏究』, 백산자료원 : 이영문, 1999, 「中國 浙江省地域의 支石墓」, 『文化史學』 11·12·13 : 석광준, 2002, 『각지고인돌무덤조사 발굴보고』, 백산자료원 : 하문식, 2005, 「고조선의 무덤 연구-북한지역의 고인돌을 중심으로-」, 『단군학연구』 12 : 사회과학원 고고학연구소, 2009, 『북부조선지역의 고인돌무덤(1)(2)』, 진인진 등 많은 논문과 저서가 있음.

이라는 전제로 계급사회가 시작된 청동기시대에 만들어지기 시작한 것이라는 의견이 일반적이었으나, 신석기 시대부터 시작되었다는 견해에 대해서도 많은 학자들이 공감하고 있다.[3]

고인돌의 기능은 무덤의 성격만으로 규정하는 것이 보편적이었으나 위치, 유물, 형태 등을 토대로 제단 및 묘표석 등의 기능을 한 고인돌도 있다는 주장이 널리 제기되고 있다.[4]

그러나, 계속된 연구가 진행되고 있음에도 불구하고 여러 가지 면에서 연구자들 사이에 견해차가 있는 것이 현실이다. 축조 연대, 기능, 기원[5], 형식 분류

---

3) 韓興洙, 1935, 「朝鮮의 巨石文化 硏究」, 『震檀學報』 3 : 孫晉泰, 1948, 「조선 돌멘에 관한 조사연구」, 『조선민족문화연구』 : 이융조, 1975, 「양평 앙덕리 고인돌 발굴 보고」, 『韓國史硏究』 11 : 임세권, 1976, 「한반도 고인돌의 종합적 검토」, 『白山學報』 20 : 박희현, 1983, 「한국의 고인돌 문화에 대한 한 고찰 - 그 상한 년대를 중심으로」, 『韓國史硏究』 46 : 이형구, 1987, 「渤海沿岸地區 遼東半島의 고인돌 무덤 硏究」, 『정신문화연구』 32 : 하문식, 1988, 「금강과 남한강유역의 고인돌문화 비교연구」, 『손보기박사정년기념 고고인류학논총』 : 俞泰勇, 2001, 「支石墓의 型式分類와 築造年代에 대한 再檢討」, 『京畿史學』 5, 217~252쪽 : 우장문, 2006, 『경기지역의 고인돌 연구』, 학연문화사, 415~419쪽.

4) 이융조·하문식, 1989, 「한국 고인돌의 다른 유형에 관한 연구 - '제단고인돌' 형식을 중심으로-」, 『東方學志』 第六十三輯, 29~66쪽 : 李榮文, 1993, 「全南地方 支石墓 社會의 硏究」, 韓國敎員大學校博士學位論文 : 河文植, 1999, 「古朝鮮 地域의 고인돌 硏究」, 백산자료원.

5) 고인돌의 기원에 대해서는 東南亞傳播說을 주장한 도유호(1959, 「조선거석문화연구」, 『문화유산』 59-2), 김병모(1981, 「한국 거석문화 원류에 관한 연구(1)」, 『한국고고학보』 10·11 합집), 自生說을 주장한 황기덕(1973, 「무덤을 통하여 본 우리나라 청동기시대의 사회관계」, 『고고민속』 4), 甲元眞之(1965, 「朝鮮支石墓의 編年」, 『朝鮮學報』 66), 임세권(1976, 「한반도 고인돌의 종합적 검토」, 『白山學報』 20) 등이 있다. 이 외에 돌널무덤에서 파생됐다는 주장을 한 석광준(1979, 「우리나라 서북지방 고인돌에 관한 연구」, 『고고민속론문집』 7) 등이 있으며 이 외에도 하문식(1985, 『우리나라 고인돌 문화의 연구』, 延世大學校碩士學位論文), 김원룡(1986, 『韓國考古學槪說』), 이영문(1993, 「全南地方 支石墓 社會의 硏究」, 韓國敎員大學校 博士學位論文)등도 여러 가지 근거를 바탕으로 고인돌의 기원에 관한 견해를 밝혔다.

등은 물론이고, 고인돌과 지석묘라는 용어조차 아직도 통일되지 않고 있다.

고인돌의 형식은 남방식, 북방식의 분류에서 시작하여 탁자식, 바둑판식, 개석식의 3형식 분류가 주를 이루는 추세이나 요즈음은 위석식을 추가하기도 한다[6].

이 글에서는 고인돌의 형식 분류 중 만주와 한반도 지역에 널리 분포하고 있는 탁자식 고인돌에 대해서만 살펴보고자 한다.

탁자식[7] 고인돌이란 굄돌 위로 덮개돌이 올려진 모습이 탁자 모습을 하고 있어서 붙여진 이름이다. 탁자식 고인돌에 대한 명칭은 한강 이북에서 주로 분포한다는 전제하에 사용했던 북방식[8]이라는 용어가 사용되었고 아직도 널리 사용되고 있다. 이 외에 황해도 연탄 오덕리의 거대한 탁자식 고인돌의 상징성을 내세운 오덕리형[9], 탁자식 고인돌에서 다른 고인돌이 파생되었다하여 붙여진 전형고인돌[10], 무덤방의 위치를 기준으로 제시한 지상형 고인돌[11] 등 다양하게 불리는 것으로 외형상 가장 쉽게 구별이 가능한 형태의 고인돌이다. 탁자식 고인돌은 큰 규모를 자랑하는 것이 많은데, 가장 높은 고인돌은 지상에 보이는 굄돌 높이가 3m이고, 덮개돌의 두께가 35㎝인 황해북도 연탄군 풍답리 광석동1호고인돌이다. 이 고인돌은 총 높이가 3.5m 정도나 된다. 덮개

---

6) 탁자식 고인돌은 한강을 중심으로 북쪽에 주로 분포하여 북방식 고인돌로 불리어왔으나, 충남 보령에도 많은 탁자식 고인돌이 보이고, 전북 고창은 물론 전남 나주, 무안 등에도 분포하는 등 충청 전라도 지역까지 탁자식 고인돌이 분포하고 있어 요즈음은 탁자식 고인돌이라는 용어를 주로 사용한다.
7) 藤田亮策, 1937, 「大邱大鳳洞支石墓調査」, 『昭和十三年度古蹟調査報告』에서 처음 사용
8) 북방식이라는 용어는 일제시대에 한흥수를 비롯하여 김재원, 윤무병, 김원룡, 최몽룡 등과 일본 학자들에 의하여 오랫동안 사용해오던 용어이다.
9) 석광준에 의해 붙여진 것으로 북한에서 가장 일반적으로 쓰이고 있다.
10) 도유호가 사용하였다.
11) 임세권이 분류하였다.

돌이 가장 큰 것은 황해남도 은율군 관산리1호고인돌로 길이 875㎝, 너비 450㎝, 두께 31㎝에 이르는 초대형 고인돌이다.

  탁자식 고인돌은 지표면을 파서 두껍고 넙적한 판석 2~3장을 굄돌로 세우고, 굄돌이 안으로 쏠리는 것을 막기 위하여 굄돌 사이에 흙이나 돌을 채운 후 덮개돌을 올리는 것이다. 덮개돌을 올린 후 주검을 넣은 다음 입구를 막으면 고인돌이 완성된다.

  여기에서는 만주와 한반도에 두루 분포하고 있는 탁자식 고인돌의 지역적 특징, 전파 경로 등에 대하여 살펴보겠다. 특히 지금까지 탁자식 고인돌을 만드는 방법으로 알려진 것들이 타당성이 없다고 생각하여 새로운 방법을 제시해 보고자 한다.

Ⅱ. 탁자식 고인돌의 분포

1. 범위

  탁자식 고인돌은 중국 길림성의 개원 조피둔 고인돌과 휘발하輝發河 유역으로부터 시작하여 요령성의 벽류하碧流河, 대양하大洋河 등 요동반도 일대에 다수 분포한다[12]. 북한에는 대동강의 지류를 중심으로 가장 많은 분포를 보이

---

12) 許玉林, 1994, 『遼東半島石棚』, 63~64쪽 : 하문식, 1999, 『古朝鮮 地域의 고인돌 硏究』, 백산자료원, 163쪽.

그림 1 탁자식 고인돌 분포

고 있다. 황해도와 가까운 곳에 위치한 강화도는 탁자식 고인돌이 전체 고인돌의 절반 이상을 차지하고 있고, 경기 북부지역인 임진강과 그 지류에도 탁자식 고인돌이 다수 분포하고 있으며, 북한강 상류의 춘천이나 양구 근처에도 떼를 지어 분포하기도 하지만 한강 이남으로 오면서 그 수가 크게 줄어들고, 규모도 북한이나 요동지역에 비하여 현저하게 작아진다. 탁자식 고인돌은 길림성지역에서 출발하여 경상도의 일부 지역을 제외한 한반도 전역에 분포하고 있다.<그림 1>

　탁자식 고인돌을 북방식 고인돌이라는 용어로 사용하게 된 것은 고인돌의 분포에 대한 조사가 제대로 되지 않았던 시기에 한강 이남에는 탁자식 고인돌이 거의 존재하지 않는다는 전제하에 붙여진 것이 지금까지 사용된 것이다. 탁자식 고인돌은 한강 이북 뿐 만 아니라 경상남도 거창의 완대리·내오리<그림 2>,[13] 전라북도 고창의 도산리<그림 3>·죽림리<그림 4>는 물론이고 전라남도 나주의 송촌리<그림 5>·회진리<그림 6>·만봉리<그림 7>와 무안의 성동리<그림 8>에서도 분포하는 것이 확인되었기 때문에[14] 지역적 한계로 제한하는 북방식 고인돌이라는 용어보다는 모양을 토대로 이해하기 쉬운 탁자식 고인돌이라는 용어를 사용하는 것이 더 바람직할 것으로 생각된다.

---

13) 이성주, 1999, 「경상남도」, 『한국 지석묘(고인돌)유적 종합조사·연구(Ⅱ)』, 885쪽.
14) 이영문, 1993, 『전남지방 지석묘 사회의 연구』, 한국교원대학교 박사학위논문, 96~141쪽.

그림 2 거창 내오리 고인돌

그림 3 고창 도산리 고인돌

그림 4 고창 죽림리 고인돌

그림 5 나주 송촌리 고인돌

그림 6 나주 회진리 고인돌

그림 7 나주 만봉리 고인돌

그림 8 무안 성동리 안골고인돌

2. 위치

　탁자식 고인돌이 자리하고 있는 위치를 보면 북한, 요령, 길림지역의 경우 산마루나 산기슭에 141기가 분포하여 68%, 구릉지대에는 30기로 15%, 평지에는 35기가 위치하여 전체 고인돌 중 17% 정도이다. 즉 206기의 고인돌 중 평지에 분포하는 비율은 17%에 불과하고 나머지 83%는 주변보다 높은 곳에 위치할 정도로 주변이 조망되는 위치에 주로 분포한다.[15] 강화도의 경우를 보면 대다수의 탁자식 고인돌은 산등성이나 산자락 끝에 분포한다. 강화도와 그 주변에서 나타나는 고인돌의 특징은 강화도와 거리상으로 가깝거나 바다로 연결되는 인천 대곡동<그림 9>, 안산 선부동<그림 10>, 파주 덕은리 고인돌<그림 11>의 경우 그 대부분이 능선이나 구릉을 중심으로 떼를 지어 분포하고 있어서 강화도 고인돌과 유사하다는 공통점이 있다.[16]<그림 12>

　임진강 유역의 탁자식 고인돌은 강화도와 밀접한 관련이 있는 것으로 보이는 파주 덕은리 고인돌을 제외하면, 연천 양원리 고인돌<그림 13> 이외에는 높은 위치에 만들어진 것이 없다.

　전라도와 충청도, 경상도의 탁자식 고인돌은 대개 낮은 언덕이나 산줄기의 끝 부분에 분포하고 있다. 북한강의 경우 탁자식이 주로 분포하는 춘천과 양구 공수리·고대리 <그림 14>등 대다수가 다른 지역과는 달리 강 옆 들판이나 강 옆 대지에 분포하는 지역적 특징이 보인다[17].

　남한강의 지류에 위치한 용인 주북리<그림 15>·왕산리<그림 16> 고인돌

---

15) 하문식, 1992,「中國 東北地域 고인돌 硏究의 成果와 現況」,『白山學報』39, 12쪽.
16) 우장문, 2004,『경기지역의 고인돌 문화 연구』, 경기대학교박사학위논문, 300~308쪽.
17) 김규호, 2001,『북한강 유역의 고인돌 연구』, 45~50쪽의 자료를 참고하였음.

그림 9 인천 대곡동 고인돌

등의 경우 평지나 평지보다 약간 높은 곳에 주로 위치한다.

　위에서 살펴보았듯이 탁자식 고인돌은 북한의 대동강 근처, 요령, 길림, 강화도, 임진강 하류, 강화도와 가까운 서해안의 고인돌은 주로 산 위나 구릉에 분포하는 공통점이 있다. 특히, 강화도의 고천리<그림 17>나 오상리 고인돌<사진 18>과 같이 떼를 지어 산등성에 위치하는 유적으로 파주 덕은리 고인돌과 광명 가학동 고인돌<사진 19> 유적 등을 꼽을 수 있는데 이들은 강화도 지역의 무덤 만드는 풍습과 유사했음을 뒷받침한다.

　산등성이나 비교적 높은 지역에 주로 위치한 고인돌과는 달리 임진강을 중심으로 그 이남지역에는 높은 지대에 위치한 탁자식 고인돌은 거의 없다.

그림 10 안산 선부동 고인돌

그림 11 파주 덕은리 고인돌

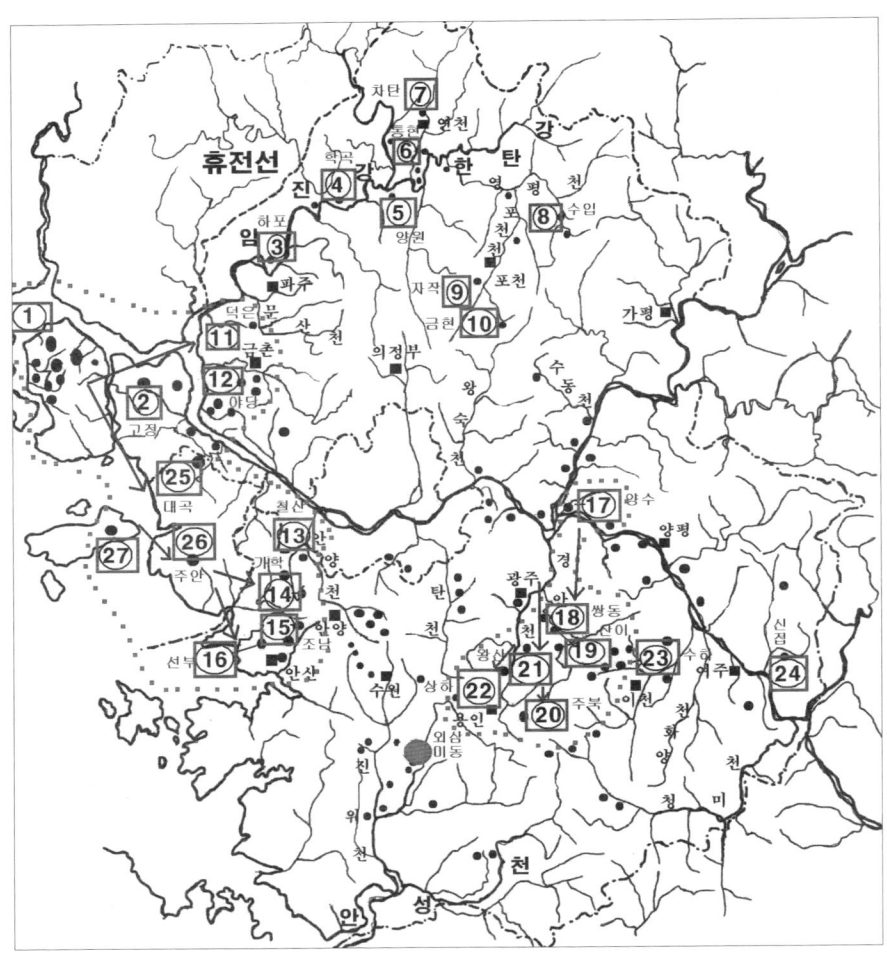

그림 12 경기지역의 탁자식 고인돌 분포 및 이동 경로

그림 13 연천 양원리 고인돌

그림 14 양구 고대리 고인돌

그림 15 용인 주북리 고인돌

그림 16 용인 왕산리 고인돌

그림 17 강화 고천리 고인돌

그림 18 강화 오상리 고인돌

그림 19 광명 가학동 고인돌

Ⅲ. 탁자식 고인돌의 특징

1. 탁자식 고인돌을 만드는 방법에 대한 새로운 의견

　박물관이나 개설서 등에서 흔히 볼 수 있는 탁자식 고인돌을 만드는 방법에 대한 그림이나 모형 또는 만드는 방법에 대한 설명은 일반적으로 굄돌 옆쪽으로 흙더미를 만든 후 흙 언덕 위에 통나무 등을 깔아놓고 덮개돌을 올리는 것으로 되어 있다. 그러나 이러한 설명은 잘못된 것으로 보인다. 기존의 설명에서 지적할 수 있는 잘못된 점은 굄돌 옆으로 흙 언덕을 쌓는다는 점이다. 굄돌의 옆쪽으로 몇 톤에서 수십 톤에 이르는 덮개돌을 굄돌의 손상이 없이 끌어올리는 것은 거의 불가능하기 때문이다. 따라서 기존에 일반적인 방법으로 받아들여지고 있는 덮개돌을 굄돌 위로 끌어올린다는 주장에 이의를 제기하고자 한다.

　탁자식 고인돌을 만드는 과정에서 수 톤에서 수십 톤의 덮개돌을 굄돌 위로 끌어올릴 때 가장 많은 노동력과 기술을 필요로 한다.[18] 짧은 거리이지만 높은 굄돌 위로 끌어 올려야 하고, 미리 세워 놓은 굄돌을 파손하거나 기울어지지 않게 위로 끌어 올리는 작업은 숙련된 고도의 기술력과 많은 노동력의 동원이 없이는 불가능한 것이다.

---

18) 한반도와 만주 지역의 고인돌 중 굄돌이 가장 높은 것은 황해도 연탄군 창매리 고인돌로 지표면에 보이는 높이만도 3m이다. 덮개돌이 가장 큰 것은 황해도 은율 관산리 고인돌로 8.75m에 이른다. 이러한 높이와 크기의 고인돌을 만드는 과정은 기계를 동원하지 못했던 당시에 얼마나 큰 행사였는지 추정할 수 있을 것이다.

대규모의 고인돌을 만드는 과정에서 우리 조상들이 사용했던 슬기로운 지혜를 몇 가지 찾을 수 있다. 즉, 지렛대나 통나무를 이용하여 굄돌 위로 끌어올렸을 것이라는 일반적인 방법은 지금까지 잘 알려진 사실이다. 필자가 덮개돌을 쉽게 옮기기 위한 지혜를 새롭게 발견한 점은 덮개돌을 보다 쉽게 끌어올리기 위하여 굄돌의 한쪽 끝부분을 일부러 경사지게 다듬었다는 점이다. 굄돌의 한쪽이나 양쪽 윗부분을 직각으로 만들지 않고 완만한 경사를 만듦으로써 덮개돌을 끌어올리는데 필요한 흙 언덕의 높이를 낮출 수 있어 덮개돌을 수월하게 올리는 데 큰 도움을 줄 수 있는 것이다. 이렇게 굄돌의 한 쪽을 경사지게 한 예는 강화도 부근리 18호고인돌<사진 20>, 요령성 장하 분방전 고인돌, 배천 용동리 고인돌<사진 21>, 길림 유하 집안둔 고인돌, 고창 도산리<사진 22>·죽림리 고인돌, 홍성 금국리 고인돌<사진 23>, 보령 죽청리 고인돌<그림 24>, 무안 성동리 고인돌, 나주 만봉리 고인돌 등 모든 지역의 크고 작은 고인돌에서 광범위하게 확인된다.

　　굄돌의 한쪽이나 혹은 양쪽 끝을 경사지게 다듬었다는 사실은 기존의 통설과는 달리 덮개돌을 굄돌의 옆쪽으로 끌어올린 것이 아니라 무덤방과 나란한 방향으로 올렸음을 뒷받침한다. 기존의 주장대로 두 굄돌 옆쪽으로 흙을 쌓아 언덕을 만든 후 덮개돌을 올렸다면 수 톤에서 수 십톤이나 되는 덮개돌의 무게에 밀려 굄돌이 기울어질 가능성이 매우 높기 때문이다. 이러한 현상을 예방하기 위하여 두 굄돌과 나란한 방향으로 흙을 쌓고 덮개돌을 올렸을 것이다.[19] 굄돌과 나란한 방향에서 덮개돌을 올렸음을 더욱 확실하게 보여주는 고인돌은 인천 대곡동 고인돌<사진 25>과 강화 고천리 고인돌이다. 이들 고인

---

19) 일반적으로 탁자식 고인돌을 만드는 장면을 복원 할 때 두 굄돌의 옆쪽에 흙을 쌓고 덮개돌을 끌어 올리는 것으로 장면을 재현하는 데 이것은 시정되어야 할 것이다.

돌은 산 끝자락에 위치하거나 낮은 야산에 위치하는데 무덤방의 입구를 산 아래쪽으로 향하게 함으로써 덮개돌을 산 위쪽에서 떼어내어 산 아래쪽으로 옮기는 과정에서 힘들이지 않고 자연스럽게 굄돌 위로 덮개돌을 올릴 수 있는 구조이기 때문이다. 이러한 방향이나 위치의 선정은 가장 어려운 과정 중의 하나인 덮개돌을 올리는 과정을 슬기롭게 대처한 대표적인 예라고 할 수 있다.

위와 같이 굄돌의 양 끝이나 한쪽을 비스듬하게 하여 노동력 절감 효과를 가져 온 구조와는 달리 해성 석목성<사진 26>, 개주 석붕산<사진 27>, 보란점 석붕구, 대석교 석붕욕<사진 28>, 와방점 대자, 수암 흥륭 고인돌<사진 29>, 황남 은률 관산리<사진 30>, 강동 문흥리 고인돌<사진 31>은 굄돌에 경사를 만들지 않고 고인돌을 만든 것으로 경사를 이용했던 고인돌보다 훨씬 많은 노동력이 동원되었을 것이다. 이들 고인돌은 굄돌 윗면이 평평하고, 모서리가 거의 직각을 이루고 있어서 훨씬 높은 언덕을 만들어야 했을 것이며, 굄돌이 무너지는 것을 막기 위하여 굄돌의 세 면이나 네 면을 미리 짜 맞춘 후 덮개돌을 올렸기 때문에 현재 막음돌이 남아있는 경우는 많다. 이들 고인돌은 면을 고르게 잘 다듬는 기술이나, 대규모의 굄돌을 안쪽으로 조금 기울게 한 기술을 사용한 점[20], 많은 노동력을 동원할 수 있는 능력이 있는 커다란 세력이 등장했을 때 축조가 가능했을 것이라는 점 등을 고려한다면 늦은 시기에 만들어진 고인돌의 형식으로 보여진다.

---

20) 하문식, 1988, 「북한지역 고인돌의 특이 구조에 대한 연구」, 『先史와 古代』 10, 60~61쪽.

그림 20 강화 부근리 고인돌

그림 21 배천 용동리 고인돌

그림 22 고창 도산리 고인돌

그림 23 홍성 금국리 고인돌

131

그림 24 보령 죽청리 고인돌

그림 25 인천 대곡동 고인돌

그림 26 해성 석목성 고인돌

그림 27 개주 석붕산 고인돌

그림 28 대석교 석붕욕 고인돌(하문식 제공)

그림 29 수암 흥륭 고인돌

그림 30 은율 관산리 고인돌(하문식 제공)

그림 31 강동 문흥리 고인돌(하문식 제공)

2. 탁자식 고인돌의 덮개돌에서 보이는 지역적 차이

문화는 쉽게 변하지 않는다. 특히 무덤을 만드는 장례 문화는 가장 보수적인 것으로 꼽는다. 무덤의 용도로 만들었던 고인돌도 조상이 만들던 방법이나 형태를 조금이라도 바꾸는 것이 쉽지는 않았을 것이다. 고인돌은 그 형식은 물론, 굄돌의 형태, 분포 위치, 방향, 단독으로 위치하게 만들 것인가, 떼를 지어 만들 것인가 등의 전통적인 습속을 변화시키는 데에는 많은 시간이 필요했을 것이다. 이러한 점에서 고인돌의 형태적인 문제는 물론이고 덮개돌의 두께까지도 변화를 주기에는 어려움이 많았을 것이라는 점에서 덮개돌의 두께도 쉽게 변화시키기는 어려웠을 것이다.

고인돌의 높이는 북부지역에서 남부지역으로 오면서 낮아지는 것이 일반적이나 덮개돌의 두께는 오히려 남부지역이 두껍다. 요령지역 덮개돌의 두께는 측정 가능한 38기를 대상으로 계산한 결과 평균 두께는 33.4cm 였고, 길림지역의 24기 평균값은 34cm, 북한지역은 23기를 계산한 결과 39.4cm였다.[21] 덮개돌의 두께는 강화도 지역까지는 54기 37.7cm로 큰 차이를 보이지 않는다.[22]

덮개돌의 두께는 임진강 주변에 분포하는 14기의 평균이 43.6cm로 변화를 보인 후 한강 입구에서 양평 양수리에 이르는 한강과 그 지류의 덮개돌이 66.8cm로 크게 두꺼워진다. 60cm 이상은 남한강 유역의 3기도 61.7cm로 두꺼워지나 북한강에서는 33기 48.2cm[23]로 한강 본류나 남한강에 비하여 얇아진다.

---

21) 하문식, 1999, 『古朝鮮 地域의 고인돌 硏究』, 백산자료원에 게재된 내용만을 토대로 계산한 것인데, 두께가 고르지 않을 경우 평균값으로 계산을 하였음.
22) 우장문, 2006, 『경기지역의 고인돌 연구』, 학연문화사의 내용을 토대로 계산하였음.
23) 김규호, 2001, 『북한강 유역의 고인돌 연구』, 45~50쪽의 자료를 토대로 계산하였음.

이는 위도상으로 보았을 때 북쪽으로 가면서 덮개돌의 두께가 얇아지는 변화를 잘 보여준다.

만주, 북한, 강화도 고인돌이 다른 지역의 고인돌 덮개돌에 비하여 얇은 것은 80% 이상이 구릉이나 산지에 위치하기 때문에 그 돌감을 옮기는 데 수반하는 어려움과 관련이 있을 것으로 보인다. 나머지 지역은 평지나 낮은 구릉에 만드는 것이 일반적이라서 덮개돌을 옮기거나 고인돌을 만드는 데 상대적으로 어려움이 적었을 것이고, 이러한 점은 덮개돌이 두꺼워지는 결과를 가져온 것으로 보인다.

이러한 특징은 충청도나 전라도에 분포된 탁자식 고인돌에서도 그대로 나타나고 있다.

충남에 분포하는 탁자식 고인돌 14기는 덮개돌 두께가 무려 119cm에 이른다.[24] 갑자기 두께가 변한 것은 돌감의 차이도 있겠지만 근본적으로는 문화권의 차이에서 나타난 지역적 특징으로 보인다. 충남에서 정점을 이룬 덮개돌의 두께는 전남지역의 탁자식 고인돌 5기의 평균 두께도 95cm로 얇아지나 여전히 매우 두꺼운 편이다.

표 1 탁자식 고인돌 덮개돌의 두께

지역	두께(cm)	지역	두께(cm)
요령성	33	길림성	34
북한지역	40	강화도	38
임진강 유역	44	북한강	48
남한강	62	한강 본류 유역	67
충청도	119	전라도	95

---

24) 황의호., 2001, 『보령의 고인돌』, 대천문화원·보령문화연구원의 내용을 주로 참고하였음.

<표 1>에서 보는 바와 같이 탁자식 고인돌의 덮개돌 두께에서 보이는 특징은 요령·길림 등 북부지역에서 남부지역으로 내려오면서 점점 두꺼워지다가 충남지역에서 정점을 이루고, 전라도에서 조금 얇아진다는 점이다. 같은 물줄기인 한강도 남한강과 북한강의 탁자식 고인돌에서도 차이가 크게 나타난다는 점은 하류에서 상류로, 또는 그 반대로 물길을 따라 고인돌 만드는 풍습이 전파된 것이라고 확신할 수 없게 만든다.

　한강 이남 지역에서는 탁자식 고인돌의 수가 급격히 감소하고, 덮개돌의 두께도 크게 두꺼워지며, 개주 석붕산 고인돌이나 은율 관산리와 같이 판돌을 조립하듯이 정교하게 만든 커다란 고인돌이 분포하지 않는다는 점, 1.5m 이상의 높은 굄돌로 만든 탁자식 고인돌이 한강 이남에는 거의 분포하지 않는다는 점<그림 32>, 만주, 대동강 주변, 강화 고인돌에서와 같이 산 능선, 끝자락에 주로 만들었던 습속이 안성천 상류에서 사라지다는 점 등은 돌감의 차이도 있겠지만 고조선의 영역과 그렇지 않은 지역의 문화적 차이에서 나타난 결과로도 볼 수 있을 것이다.

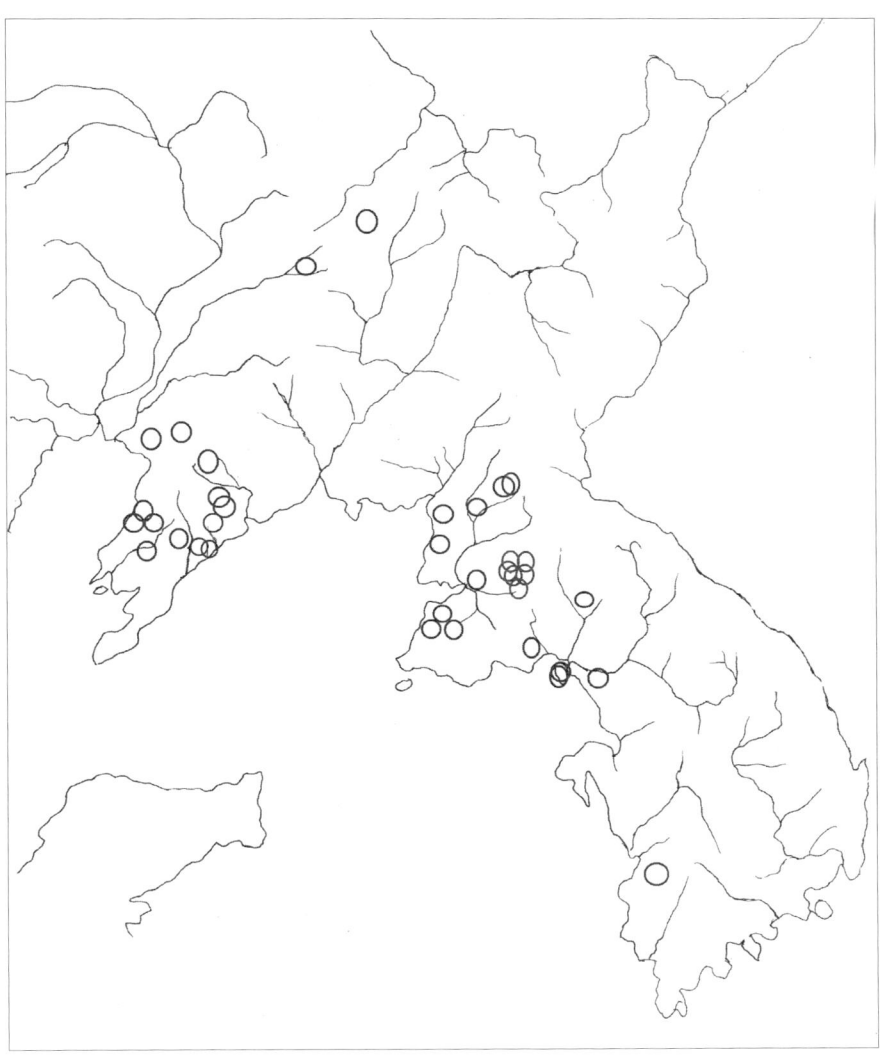

그림 32 굄돌의 높이가 1.5m 이상인 탁자식 고인돌 분포

Ⅳ. 탁자식 고인돌의 기능

고인돌이 어떠한 기능을 했던 것이냐를 놓고 많은 논란이 있었으나 완전한 사람의 뼈가 황석리 고인돌에서 발견됨으로써[25] 고인돌은 모두 무덤일 것이라는 생각이 일반화되었다. 이로 인하여 고인돌을 지석묘支石墓라는 용어로 계속 사용하는 학자들도 있다. 그러나 서성훈·성낙준은 고창 장수제 고인돌을 조사하면서 1호고인돌을 무덤이라기보다는 부를 상징하는 기념물 내지는 건축물적인 위용을 과시하기 위한 수단으로 부각된 상징물로 추정을 했다.[26] 이융조·하문식은 전국의 고인돌 중 포천 수입리, 강화 부근리, 광명 철산동<그림 33>, 고창 도산리, 고창 강촌 고인돌 등은 입지 조건과 형태 등을 토대로 제단(祭壇) 기능을 한 것이라고 주장하였다.[27] 이영문도 전남지방의 고인돌을 종합적으로 검토하면서 무덤의 기능은 물론이고 제단, 묘표석의 기능을 했을 것이라고 주장하였다.[28] 이런 기념물, 제단 등의 용도로 만들었다고 제기되는 대다수의 고인돌 형태는 탁자식을 하고 있다. 개석식이나 바둑판식은 무덤의 역할을 했다는 점에 별 이의가 없으나 규모가 주변의 것보다 특별히 큰 점이나, 주변이 잘 조망되는 지역에 우뚝 서 있거나, 넓은 구릉 위에 위치하거나, 유물이 거의 출토되지 않는다는 점 등을 들어 무덤 이외의 용도로 만들었음을 주장하는 것으로 상당한 설득력이 있다고도 본다.

---

25) 김재원·윤무병, 1967,『韓國支石墓研究』, 135쪽.
26) 서성훈·성낙준, 1984,『고흥 장수제 지석묘 조사』, 국립광주박물관·고흥군, 52쪽.
27) 이융조·하문식, 1989,「한국 고인돌의 다른 유형에 관한 연구 - '제단고인돌' 형식을 중심으로 - 」,『東方學志』63, 29~66쪽.
28) 이영문, 1993,『전남지방 지석묘 사회의 연구』, 한국교원대학교박사학위논문.

강동석은 강화도 부근리 고인돌은 물론이고, 양오리·대산리<그림 34>의 탁자식 고인돌을 기념물의 성격으로 보았으며[29], 유태용 역시 비슷한 주장을 하였다.[30]

이러한 성격을 띤 고인돌은 부족의 구심체로써 사냥이나 농사를 위한 제사를 지내거나, 부족간의 전쟁 전에 의식을 치르기도 하고, 마을의 중요한 행사가 있을 때 모여서 회의를 여는 곳으로도 이용되었으리라 생각된다. 즉 이러한 고인돌은 회의, 축제, 제사 등의 행사를 행하는 부족의 구심점이 되었던 장소에 세웠던 상징물의 성격으로 축조한 것도 있었을 것임을 보여준다.

그러한 예는 이천 수하리 고인돌<그림 35>, 연천 통현리<사진 36>·양원리 고인돌, 포천 수입리<그림 37>·자작동·금현리 고인돌<그림 38>에서도 찾을 수 있다.[31]

또, 강화 오상리 56번고인돌<사진 39>은 12기의 고인돌이 산 능선에 떼를 지어서 분포하는데, 그 중 가장 위쪽에 위치한 56번고인돌은 다른 11기에 비하여 규모가 월등히 크고, 무덤방의 방향도 다르다. 특별히 12기 중 1기만을 독특하게 만든 것은 무덤의 표시하는 상징물로 만든 의도성이 엿보이는 것이다. 이와 비슷한 예는 광명 가학동과 파주 다율리, 안산 선부동 1호고인돌에서도 찾을 수 있다.

이 외에도 요령성의 금현 소관둔 남쪽 고인돌, 개주 석붕산 고인돌, 대석교 석붕욕 고인돌, 왕방점 대자 고인돌, 해성 석목성 고인돌[32], 북한의 은율 관산

---

29) 강동석, 2002,「강화 지석묘의 구조와 분포분석」,『박물관지』4, 인하대학교박물관.
30) 유태용, 2002,「강화도 지석묘의 축조와 족장사회의 형성과정 연구」,『박물관지』4, 인하대학교박물관.
31) 우장문, 2004,『경기지역의 고인돌 문화 연구』, 경기대학교박사학위논문, 306쪽.
32) 하문식, 2000,「중국 동북지구 고인돌의 기능 문제와 축조」,『선사와 고대』15, 186쪽.

리와 운산리, 배천 용동리, 용강 석천산 고인돌[33]과 같이 규모가 아주 크고, 높은 지대에 단독으로 만들어진 것은 제단의 기능을 했던 것으로 보인다. 특히 석붕산 고인돌<그림 40>은 지금도 많은 사람들이 제를 올리는 장소로 이용하고 있다는 점은 무덤의 기능이 아니었음을 뒷받침해준다.

또, 포천의 수입리·자작동·금현리 고인돌의 경우 6km 정도의 거리를 두고 커다란 탁자식 고인돌이 한 기나 두기씩만 분포한다는 점은 각 부족이 상징물의 용도로 만들었음을 추정 가능하게 한다.[34] 또한 고창 고인돌 공원의 수백 기를 한 눈에 볼 수 있는 장소에 만들어졌으며, 형태도 다른 것들과 전혀 다른 도산리의 탁자식 고인돌도<그림 41> 제단, 묘표석이나 상징물의 기능을 했을 것으로 생각된다.

이렇듯 만주에서 한반도 지역까지 널리 분포하는 탁자식 고인돌의 일부는 무덤 기능보다는 제단, 묘표석, 상징물의 기능을 했던 것으로 여겨진다.

---

33) 하문식, 1999, 『古朝鮮 地域의 고인돌 硏究』, 백산자료원, 278쪽.
34) 우장문, 2006, 『경기지역의 고인돌 연구』, 학연문화사, 442~445쪽.

그림 33 광명 철산동 고인돌

그림 34 강화 대산리 고인돌

그림 35 이천 수하리 고인돌

그림 36 연천 통현리 고인돌

그림 37 포천 수입리 고인돌

그림 38 포천 금현리 고인돌

그림 39 강화 오상리 고인돌

그림 40 개주 석붕산 고인돌의 제사 흔적

그림 41 고창 도산리 고인돌에서 본 죽림리 고인돌 전경

V. 탁자식 고인돌의 전파 경로

 탁자식 고인돌의 전파 경로를 논하기 위해서는 형식 변천에 대한 연구가 선행되어야 한다. 고인돌의 형식 변천에 대해서는 1) 바둑판식→탁자식(鳥居龍藏), 2) 탁자식→바둑판식→개석식(三上次男, 임병태, 윤무병, 최몽룡), 3) 탁자식→개석식→바둑판식(심봉근, 오강원), 4) 개석식→탁자식(임세권, 田村晃一, 김정희, 석광준), 5) 개석식→탁자식, 바둑판식(甲元眞之)[35] 등으로 일치된 의견이 나오지 않는다.

 형식 변천을 논하기가 어려운 것은 개석식에 비하여 탁자식에서 유물 출토가 적고, 연대를 측정할 만한 유물이 많이 출토되지 않으며 탁자식과 개석식이 섞여 분포하는 경우가 많기 때문이다. 설령 유물을 통하여 측정된 연대가 나온다고 하여도 지나치게 시기를 올리거나 내리면 섣불리 학계에서 받아들이지 않는 경향이 많다. 연대 설정은 주로 기존의 출토 유물과 비교해서 정하기 때문에 고인돌의 축조 연대에 변화가 나타나기는 어려운 것이 현실이다.

 고인돌의 형식 변천이 제대로 규명되지 않은 상태에서 탁자식 고인돌의 변천을 논하는 것 자체에 문제는 있으나, 여기에서는 경기지역[36]의 강화도 부근과 한강의 양수리 부근에서 남쪽으로 흐르는 경안천에서 보이는 탁자식 고인돌만을 대상으로 전파 경로를 살펴보고자 한다.

---

35) 오강원, 2002, 「요동~한반도지역 지석묘의 형식변천과 분포양상」, 『先史와 古代』 17, 82쪽.
36) 여기에서의 경기지역은 서울, 경기도, 인천을 총칭한다.

1. 강화도 근처의 서해안 유역

경기지역의 서해안 지역 고인돌은 강화도 고인돌의 위치상으로 나타나는 특징인 산 위나 구릉에 떼를 지어 분포하는 공통점이 있다. 대표적인 유적으로는 임진강 하류의 파주 다율리·당하리 유적이나, 강화도와 가까운 인천 대곡동, 광명 가학동, 안산 선부동 고인돌 유적을 꼽을 수 있다. 이들 유적은 강화도와 거리상으로도 가깝고, 강이나 바다를 이용하여 이동이 용이한 지역이라는 지리적 환경으로 보았을 때 서로 영향을 주고받았던 지역이었다고 볼 수 있다.

이 지역 고인돌의 중심 지역은 강화도로 보여진다. 그 이유는 강화도는 고인돌의 집산지로 탁자식 고인돌이 매우 많이 분포하지만 강화도에서 멀어질수록 분포 숫자가 급격히 줄어들다가 서해로 흘러드는 안성천 입구에 와서는 탁자식 고인돌은 물론 다른 어떤 형식의 고인돌도 보이지 않기 때문이다. 이러한 점은 강화도 지역의 고인돌이 서해안을 따라서 해변 근처나 한강과 임진강 하류의 고인돌 축조에 영향을 주었을 것이라는 사실을 뒷받침한다.

결국 탁자식 고인돌만을 대상으로 본다면 강화도 고인돌이 한강과 임진강 하류, 안성천 하류의 위쪽 지역이면서 서해안에서 가까운 지역에 분포하는 탁자식 고인돌 축조에 영향을 주었던 것으로 보인다.

이 지역의 탁자식 고인돌이 하나의 문화권이 형성되었음을 뒷받침하는 좋은 증거로는 강화 오상리, 광명 가학동, 파주 당하리와 교하리 고인돌이다. 이들 지역은 여러 고인돌이 모여 있으며, 강화도와 거리상으로 비교적 가까운 지역이고, 비슷한 모양의 반달돌칼도 출토되기 때문이다.

2. 한강의 지류인 경안천 부근

　한강의 상류 쪽으로 거슬러 올라가다보면 3,900±200bp의 연대를 가진 양평 양수리 고인돌이 위치한다.[37] 남·북한강이 만나는 곳에 위치한 양수리 고인돌에서 남쪽으로는 용인 지역으로 연결되는 경안천이 흐른다. 양수리 고인돌 출토 시료에서 나온 측정연대가 맞는다면 양수리에서 만들어진 고인돌 만드는 풍습이 용인 왕산리 고인돌에 영향을 주었을 것으로 보인다. 그 이유는 경안천을 따라 왕산리에 이르는 지역까지는 다른 탁자식 고인돌이 없기 때문이다. 또, 왕산리 고인돌에서 남쪽으로 경안천 상류의 용인 주북리 고인돌이 위치하는데, 이 고인돌은 규모도 작고, 높이도 낮아지는 것으로 보아 쇠퇴기에 접어든 시기의 것으로 보이기 때문이다. 또 경안천 주변에서 거리상으로 8㎞ 정도의 거리에는 용인 상하리 고인돌이 위치하는 데, 이 고인돌도 경안천변의 탁자식 고인돌의 영향을 받은 것으로 보인다. 왜냐하면 상하리 고인돌이 위치한 곳으로부터 남쪽으로 80㎞ 정도 떨어진 충남 홍성지역에 가서야 탁자식 고인돌이 나타나기 때문이다. 상하리 고인돌에서 홍성지역까지는 탁자식 고인돌이 한 기도 분포하지 않는다. 즉, 탁자식 고인돌이 화성, 수원, 오산, 평택은 물론 충남 서산, 예산까지는 분포하지 않다가 홍성지역에 가서야 비로소 나타나는 것이다. 경안천의 최상류에서 홍성까지는 80㎞ 이상이나 된다는 점은 거리상으로도 한 문화권이라고 볼 수 없으므로 상하리 고인돌은 안성천변에 위치하지만 문화적으로는 한강의 지류인 경안천의 고인돌에 영향을 받은 것으로 보인다.

---

37) 박찬걸·양경린, 1974, "Korea Radiocarbon Measurements Ⅲ", Radiocarbon 16-2, 197쪽.

Ⅵ. 맺음말

1) 탁자식 고인돌은 일반적으로 평지보다는 주변을 조망하기 좋은 높은 위치에 분포하는데, 만주에서 강화도 인근지역까지는 산 위나 계곡, 산사면 끝에 주로 분포하지만 남·북한강 유역이나 충청, 전라도 지역의 탁자식 고인돌은 낮은 언덕이나 평지에 주로 분포한다.

2) 탁자식 고인돌을 만드는 방법에서 현재 일반적으로 설명하고 있는 기존의 주장인 굄돌 옆으로 흙무더기를 만들고 그 위로 덮개돌을 끌어올린다는 설명은 설득력이 떨어진다. 왜냐하면 탁자식 고인돌의 굄돌을 살펴보면 한쪽 끝의 윗부분을 의도적으로 비스듬하게 다듬어 경사를 만든 것을 살필 수 있는데, 이것은 덮개돌을 쉽게 올리기 위한 목적으로 의도적으로 다듬은 것으로 보인다. 즉, 굄돌의 한쪽이나 양 쪽 끝부분을 비스듬하게 만들었다는 점은 탁자식 고인돌의 덮개돌을 굄돌의 옆쪽으로 흙을 쌓아 언덕을 만들어 끌어올린 것이 아니라 굄돌과 나란한 방향으로 끌어 올릴 때 수고를 덜기 위한 슬기에서 나온 것이라고 볼 수 있다. 또 기존의 주장대로 하면 덮개돌을 올리는 과정에서 굄돌이 옆으로 넘어지기 십상인데 이 문제를 해결해주는 방법이기도 하기 때문이다.

3) 탁자식 고인돌의 덮개돌 두께는 만주지역에서 강화도 및 임진강 유역까지는 큰 변화가 나타나지 않다가 한강 본류와 남한강 쪽으로 가면서 조금 두꺼워지고, 충남에서 가장 두껍다가, 전라도 지역에서는 다시 약간 얇아지는데 이는 돌감의 차이도 있겠지만 장례 풍습의 차이에서 나타나는 특징으로 보인다.

4) 요령성의 해성 석목성 고인돌이나 개주 석붕산 고인돌, 은율 관산리 고인돌, 강화 부근리 고인돌, 안산 선부동 고인돌, 고창 도산리 고인돌 등은 규모가 큰 탁자식 고인돌로 사방이 잘 보이는 곳에 위치 한다는 점, 무덤 떼와

함께 위치하고 있는 경에우는 다른 고인돌에 비하여 월등히 크면서도 무덤방 방향이 다르다는 점, 무덤과 관련된 유물이 거의 출토되지 않는 점 등을 토대로 보았을 때 무덤보다는 제단, 묘표석, 부족 상징물로서의 성격이 큰 것으로 추정된다.

5) 경기지역의 탁자식 고인돌 전파 경로는 강화도 지역의 고인돌이 서해안을 따라 안산 선부동 고인돌에까지 영향을 준 것으로 생각되며, 떼를 지어 산 위에 분포하는 임진강 하류의 덕은리 고인돌에도 영향을 준 것으로 보인다. 또 한강 중류의 양수리 고인돌이 경안천을 따라서 용인 왕산리·주북리와 안성천의 최상류지역에 위치한 용인 상하리 고인돌에 영향을 준 것으로 보인다.

6) 한강유역 이남으로는 탁자식 고인돌 수가 급격히 감소하고, 덮개돌의 두께가 매우 두터워지며, 개주 석붕산 고인돌이나 은율 관산리와 같이 상자를 조립하듯이 정교하게 만든 커다란 고인돌이 없다. 또 1.5m 이상의 높은 굄돌을 가진 고인돌이 거의 없으며, 만주, 대동강 주변, 강화 고인돌에서와 같이 산 능선이나 끝자락에 주로 만들던 문화가 사라진다는 점 등을 종합할 때 한강 이북의 고인돌과는 많은 차이점을 발견할 수 있다. 이러한 차이는 고조선 지역과 그렇지 않은 지역과의 문화적 차이에서 나타난 결과로 보여진다.

【참고문헌】

강동석, 2002,「강화 지석묘의 구조와 분포분석」,『博物館誌』4, 인하대학교박물관.

김규호, 2001,『북한강 유역의 고인돌 연구』, 강원대학교 석사학위논문.

김병모, 1981,「한국 거석문화 원류에 관한 연구(Ⅰ)」,『韓國考古學報』10 · 11 합집.

김석훈, 2000,「강화도의 선사문화」,『博物館誌』3, 인하대학교 박물관.

김원룡, 1986,『韓國考古學槪說』, 일지사.

김재원 · 윤무병, 1967,『韓國 支石墓 硏究』.

김정배, 1971,「한국 청동기문화의 사적 연구」,『한국사연구』6.

김정배, 1996,「韓國과 遼東半島의 支石墓」,『先史와 古代』7.

김정희, 1988,「동북아시아 지석묘의 연구」,『崇實史學』5.

도유호, 1959,「조선 거석문화의 연구」,『문화유산』2.

문화공보부 · 문화재관리국, 1974,『八堂 · 昭陽댐 水沒地區 遺蹟發掘綜合調査報告』.

박찬걸 · 양경린, 1974. "Korea Radiocarbon Measurements Ⅲ", Radiocarbon 16-2.

박희현, 1984,「한국 고인돌 문화에 대한 고찰-그 상한 연대를 중심으로-」,『韓國史硏究』46.

변광현, 2000,『고인돌과 거석문화 (동남아시아)』, 미리내.

사회과학원 고고학연구소, 2009,『북부조선지역의 고인돌무덤(1)(2)』, 진인진.

서영대 · 김석훈, 2000,『江華地域의 先史遺蹟 · 遺物』, 인천지역유적 · 유물지명표Ⅱ, 인하대학교박물관.

석광준, 1974,「오덕리고인돌 발굴보고」,『고고학자료집』4.

석광준, 1979,「우리나라 서북지방 고인돌에 관한 연구」,『고고민속론문집』7.

석광준, 2002,『조선의 고인돌무덤 연구』, 중심.

석광준, 2003, 『각지고인돌무덤조사 발굴보고』, 백산자료원.

서울대학교박물관·문화재청, 1999, 『한국 지석묘(고인돌)유적 종합조사연구』 Ⅰ·Ⅱ.

세종대학교 박물관·연천군, 2003, 『연천지역 고인돌 유적』.

선문대학교고고연구소, 2002, 『江華 鰲上里 고인돌무덤 -發掘 및 復元報告書-』.

신천식·엄익성, 1991, 『安山 仙府洞 支石墓 發掘調査 報告書』, 명지대학교박물관·경기도.

손진태, 1948, 「조선 돌멘에 관한 조사 연구」, 『朝鮮民族文化研究』.

안지민, 1995, 『中國 東南部의 支石墓』, 제38회 전국역사학대회발표요지.

오강원, 2002, 「요동~한반도지역 지석묘의 형식변천과 분포양상」, 『先史와 古代』 17.

우장문, 1986, 『한반도의 고인돌 문화에 대한 고찰 -황석리 고인돌 문화를 중심으로-』, 고려대학교 석사학위논문.

우장문, 2004, 「경기지역 고인돌 문화의 특징-남한강 유역의 고인돌을 중심으로」, 『白山學報』 69.

우장문, 2004, 「임진강 유역의 고인돌 분포와 특징」, 『先史와 古代』 21.

우장문, 2006, 『경기지역의 고인돌 연구』, 학연문화사.

우종윤, 1984, 『남한강 유역의 선사문화 연구』, 충북대학교 석사학위논문.

유재은, 1991, 『韓國 西北地方 支石墓 研究』, 단국대학교 석사학위논문.

유태용, 2001, 『韓國 青銅器時代 支石墓社會의 研究 -築造集團의 社會階層 問題를 中心으로-』, 한양대학교 박사학위논문.

유태용, 2001, 「지석묘의 형식분류와 축조연대에 대한 재검토」, 『京畿史學』 5.

유태용, 2003, 『韓國 支石墓 研究』, 주류성.

이선우, 2000, 『韓國 支石墓 研究 理論과 方法』, 주류성.

이성주, 1999, 「경상남도」, 『한국 고인돌(지석묘)유적 종합조사·연구』, 문화재청·서울대학교 박물관.

이영문, 1987, 「전남지방소재 지석묘의 성격-분포 및 구조를 중심으로-」, 『韓國考古學報』20.

이영문, 1990, 「호남지방 지석묘 출토유물에 대한 고찰」, 『韓國考古學報』25.

이영문, 1993, 『전남지방 지석묘 사회의 연구』, 한국교원대학교 박사학위논문.

이영문, 1999, 「중국 절강성지역의 지석묘」, 『문화사학』11·12·13.

이영문, 2002, 『韓國支石墓社會研究』, 학연문화사.

이융조, 1975, 「양평 앙덕리 고인돌 발굴 보고」, 『韓國史研究』11.

이융조, 1980, 『한국 선사문화의 연구』, 평민사.

이융조, 1981, 『한국의 선사문화 - 그 분석연구』, 탐구당.

이융조 외, 1988, 「중원지방에서 새로이 찾은 고인돌 유적Ⅰ」, 『忠北大學敎 湖西文化研究』7.

이융조·하문식, 1989, 「한국 고인돌의 다른 유형에 관한 연구 -'제단고인돌' 형식을 중심으로」, 『東方學志』63.

이형구, 1987, 「발해연안지구 요동반도의 고인돌무덤 연구」, 『精神文化研究』32.

이형구, 1988, 「渤海沿岸 石墓文化의 起源」, 『韓國學報』50.

이형구, 1992, 『강화도 고인돌 무덤 조사연구』, 한국정신문화연구원.

임병태, 1964, 「한국 지석묘의 형식과 연대문제」, 『史叢』9.

임세권, 1976, 「한반도 고인돌의 종합적 검토」, 『白山學報』20.

임효재·양성혁, 1999, 『강화도 고인돌군』, 서울대학교 인문학연구소·강화군.

정연우, 2001, 「북한강유역 지석묘 연구」, 『史學志』34.

지건길, 1982, 「동북아시아 지석묘의 형식학적 고찰」, 『韓國考古學報』12.

지건길, 1983, 「지석묘 사회의 복원에 관한 일 고찰」, 『梨花史學研究』13·14.

최몽룡, 1978, 「전남지방 소재 지석묘의 형식과 분류」, 『歷史學報』78.

최몽룡, 1982, 「전남지방 지석묘 사회와 계급 발생」, 『震檀學報』53·54

최복규, 2000,「북한강유역의 선사문화」『漢江流域史』, 한국향토사연구전국협의회.

최성락·한성우, 1988,「지석묘 복원의 일례」,『全南文化財』2.

충남·충북대학교 박물관, 1979,『大淸댐 水沒地區 遺蹟發掘調査報告書』.

충북대학교 박물관, 1984,『忠州댐 水沒地區 遺蹟發掘調査報告書』1·2.

하문식, 1985,『우리나라 고인돌 문화의 연구 -금강과 남한강 유역을 중심으로』, 연세대학교 석사학위논문.

하문식, 1988,「금강과 남한강 유역의 고인돌 문화 비교 연구」,『손보기박사정년기념고고인류학논총』.

하문식, 1988,「북한지역 고인돌의 특이 구조에 대한 연구」,『선사와 고대』10.

하문식, 1992,「중국 동북지역 고인돌 연구의 성과와 현황」,『白山學報』39.

하문식, 1997,『東北亞細亞 고인돌文化의 硏究-中國 東北地方과 西北韓地域을 中心으로-』, 숭실대학교 박사학위논문.

하문식, 1998,「고인돌의 장제에 대한 연구(Ⅰ)-화장(火葬)을 중심으로-」,『白山學報』51.

하문식, 1998,「북한지역 고인돌의 특이 구조에 대한 연구」,『先史와 古代』10.

하문식, 1998,「중국 길림지역 고인돌 연구」,『韓國上古史學報』27.

하문식, 1998,「중국 동북지역 고인돌의 분포와 구조」,『古文化』51.

하문식, 1999,『고조선 지역의 고인돌 연구』, 백산자료원.

하문식, 2000,「중국 동북지구 고인돌의 기능 문제와 축조」,『先史와 古代』15.

하문식, 2005,「고조선의 무덤 연구-북한지역의 고인돌을 중심으로-」,『단군학연구』12.

하문식·김주용, 2001,「고인돌의 덮개돌 운반에 대한 연구」,『韓國上古史學報』34.

한신대학교박물관·화성군, 1995,『華城郡 埋藏文化財 地表調査 報告書』.

한양대학교박물관·한국선사문화연구소, 1994, 『多栗里, 堂下里 支石墓 및 住居址』.
한흥수, 1935, 「조선의 거석문화 연구」, 『震檀學報』 3.
황기덕, 2001, 「무덤을 통하여 본 우리나라 청동기시대의 사회관계」, 『고고민속』 4.
황의호, 2000, 『보령의 고인돌』, 대천문화원.

甲元眞之, 1965, 「朝鮮支石墓の編年」, 『朝鮮學報』 66.
藤田亮策, 1937, 「大邱大鳳洞支石墓調査」, 『昭和十三年度古蹟調査報告』.
許玉林, 1994, 『遼東半島石柵』.
藤田亮策, 1937, 「大邱大鳳洞支石墓調査」, 『昭和十三年度古蹟調査報告』.

4

인도네시아는?

I. 머리말[1]

인도네시아Indonesia는 우리나라와 같은 아시아 지역에 위치하고 있음에도 불구하고 1966년이 되어서야 양국에 총영사관이 개설되었다. 양국은 모두 1945년에 해방되었지만 그 이후로 20여 년이 넘어서야 관계가 개선된 것은 양국을 이끌어갔던 초대 지도자들의 노선 차이에서 발생한 것이었다. 이승만 대통령은 철저한 반공주의 정책을 지속한 반면, 수카르노 대통령은 반反식민, 반反서방 정책을 표방하면서 비동맹의 길을 걸었기 때문이다.

수교 이후 한국과 인도네시아는 정치·경제적으로 긴밀한 관계를 유지하면서 동반자적 관계를 유지하고 있다. 특히 경제적으로는 많은 교류가 행해지고 있는데 2011년 현재 양국의 무역규모는 308억 달러에 달한다. 그리고 2012년에 인도네시아에 우리가 투자한 액수는 421건의 1,950억 달러로 세계 3대 투자국으로 부상하였다.

현재 우리와 매우 가까운 관계를 유지하고 있는 나라이지만 인도네시아의 정치나 문화 등에 대한 우리의 정보는 미흡하기 짝이 없다. 특히 인도네시아에는 독특한 전통 문화가 비교적 잘 남아 있어 연구의 가치가 높지만 우리에게는 알려지지 않은 면이 많다.

따라서 이 글에서는 인도네시아의 자연환경, 사회, 역사, 문화 등을 간단히

---

[1] 이 내용은 naver 백과사전(http://100.naver.com/100.nhn?docid=713688), 가종수(『지금도 살아 숨쉬는 숨바섬의 지석묘 사회』, 2009, 북코리아 ; 『신들의 섬 발리』, 2010, 북코리아), 양승윤·박재봉·김긍섭 편역(『인도네시아 社會와 文化』, 1997, 한국외국어대학교 출판부), 양승윤 편저(『인도네시아사』, 2010, 한국외국어대학교 출판부), THE GOVERNMENT OF EAST SUMBA DISTRICT EAST NUSA TENGGARA PROVINCE-INDONESIA('EAST SUMBA A HIDDEN TREASURE IN ARCHIPELAGO', 2005), 우장문(「인도네시아 숨바섬의 고인돌」『백산학보』87, 2010)등의 내용을 주로 참조하였다.

표 1 인도네시아의 주요 정보

구분	내용	구분	내용
면적	1,919,440km²	통화	루피아(Rupiah)
해안선	54,716km	인구	2억 4천 5백만(2011년)
수도	자카르타	평균 수명	69.3(2006년)
공용어	인도네시아어	출산률	2.3명(2012년)
독립일	1945년 8월 17일	1인당 GDP	2,946$(2012년)
종족 구성	자바인(45%), 순다인(14%), 마두루인(7.5%), 말레이인(7.5%)		
종교	이슬람교(88%), 개신교(5%), 가톨릭(3%), 힌두교(2%)		

소개하여 다음 장에서 살펴보고자 하는 인도네시아의 동부에 위치한 동 누사 텡가라주Propinsi Nusa Tenggara Timur의 숨바Sumba섬에 대한 이해도를 높이는 데 도움을 주고자 한다.

Ⅱ. 자연 환경

인도네시아는 서쪽 끝의 수마트라Sumatra, 자바Java에서 북동쪽의 할마헤라섬Halmahera까지 약 5,100km에 걸쳐 그믐달 모양으로 배치된 순다열도가 있고, 그 내부에 위치한 보르네오Borneo, Kalimantan, 술라웨시Sulawesi섬 등의 큰 섬들로 이루어져 있다. 주변 해역은 테티스해 구조대와 환태평양 구조대가 이어지는 곳으로 지반의 변동이 격심했던 지역이다.

현재 이들 제도에 의해 둘러싸인 바다는 수심 50m 이하의 얕은 바다로, 이른바 순다 해붕을 형성하고 있다. 이 해붕과 오스트레일리아 북서부의 사풀

해붕은 마카사르·롬복 양 해협을 연결하는 월리스선으로 명확하게 구분된다. 순다열도 및 몰루카제도에는 현재 화산활동이 현저하게 나타나고 있는데 화산의 수가 전국을 통틀어 400개에 달하며, 이 중 활동 중인 화산은 78개이다. 화산은 특히 수마트라섬과 자바섬에 집중되어 있으며 보르네오섬과 술라웨시섬에는 극히 적다. 자주 발생하는 화산 폭발과 지진은 인간생활에 직접적으로 큰 영향을 준다.

화산은 3,000m를 넘는 것이 대부분인데, 자바섬 최고의 스메루산(3,676m)을 비롯하여 롬복섬의 린자니산(3,726m) 등이 대표적이다. 높은 산들 사이에는 많은 고원 및 분지가 이어지며 수마트라섬 서안의 파단 고원, 자바섬의 반둥, 말랑 고원 등이 대표적이다. 이들 고원에서는 기온이 체감률에 따라 낮아지므로 거주에 유리하다. 수마트라와 보르네오 지역의 산지와 해안 부근에 있는 정글에는 넓은 저습지대가 분포하며 그 중간을 많은 하천이 곡류한다. 수마트라섬의 무시강·잠비강, 보르네오섬의 카푸아스강·바리토강 등은 길이에서 인도네시아의 유수한 하천에 해당한다.

인도네시아의 섬들은 적도를 중심으로 북위 5°에서 남위 10° 사이에 위치하므로 완전한 열대성 기후를 나타내며 동남아시아 계절풍대의 전형적인 특징을 보인다. 일반적으로 연중 높은 기온을 나타내 거의 전지역이 평균기온 25~27°를 기록하며 적도변의 중앙지대에서는 월별 변화가 거의 나타나지 않는다.

11월부터 3월 사이에 서풍이 불어오고 인도양으로부터 인도네시아로 불어오는 비를 동반한 계절풍의 영향을 받는다. 6월부터 9월 사이에는 동남쪽에서 불어오는 계절풍의 영향으로 오스트랄리아 대륙에서 적도 남쪽에 위치한 말루꾸, 누사떵가라, 쟈바, 칼리만딴과 수마트라 남부를 포함한 인도네시아 군도는 건조한 기후의 영향을 받는다.

강수량은 몬순의 영향을 크게 받아 중심부에 해당되는 적도 부근의 연중 강우지역을 제외하면 대체로 건기와 우기의 구별이 뚜렷하다. 주요지역의 연평균 강수량은 폰티아나크(보르네오섬) 3,175mm, 파당(수마트라섬) 4,172mm, 자카르타(자바섬) 1,755mm이며, 소순다열도의 동쪽은 훨씬 더 건조하다.

　과다한 강우량은 농사에 중요한 토양의 양분들을 씻어 내기 때문에 오히려 열대지역 농업에 역효과를 초래한다. 인도네시아의 모든 지역이 초목으로 뒤덮여 있다고 해서 토양이 비옥하다는 견해는 사실상 옳지 않다. 왜냐하면 칼리만딴과 같은 지역의 경우 토양이 석회암이기 때문에 농사에 부적합한 상황이어서 지금까지 이 지역의 인구밀도가 낮은 것은 놀라운 사실이 아니다. 인도네시아에서 토양이 비옥한 곳은 화산암의 퇴적작용이 있었던 화산지역 주변이며, 이 지역들이 일반적으로 인구 밀도가 높은 특징을 지니고 있다.

Ⅲ. 역사

　인도네시아에서도 구석기시대부터 인류가 생활했음을 보여주는 유적이 발견되고 있다. 대표적인 것이 솔로강 유역에서 발견된 플라이스토세世 말기의 화석인류와 이와 함께 발굴된 유물은 인도네시아에 구석기문화가 발전하였음을 보여주고 있다. 또한 우리에게 자바인으로 잘 알려진 자바섬의 와자크에서도 고기충적층의 표면 부근에서 오스트레일리아 인종과 비슷한 두개골이 발견되고 있어 수십만년 전부터 인도네시아에 살았음을 알 수 있다. 플로레스섬의 르앙부아 동굴에서 발견된 플로렌시스인은 최근 주목을 받기도 하였다.

신석기시대의 유물은 서부 지역에서는 네모꼴 돌도끼, 동쪽 지역에서는 원통형 돌도끼가 분포되어 있는데, 전자는 대륙에서 남하해온 인도네시아형 종족이 남긴 것이고 후자는 멜라네시아 지방과의 교류를 증명하는 것으로 보인다.

신석기시대의 뒤를 이어 거석유물을 수반하는 철기문화가 펼쳐져 고인돌 모양의 분묘, 돌항아리, 돌로 만든 조상의 인물상 등이 많이 남아 있다.

인도네시아계 인종이 이와 같은 발전을 이룩하는 동안 서쪽에서는 인도인 이주자들이 몰려들어 수마트라섬 동부와 자바섬 서부지방을 개척한 데 이어 보르네오섬과 셀레베스섬까지 진출하였다. 수마트라섬의 팔렘방을 중심으로 번영을 누렸던 인도계 문화 국가 스리비자야(중국의 문헌에는 室利佛逝, 나

그림 1 플로레스섬의 르앙부아 동굴

그림 2 선사시대의 생활 모습

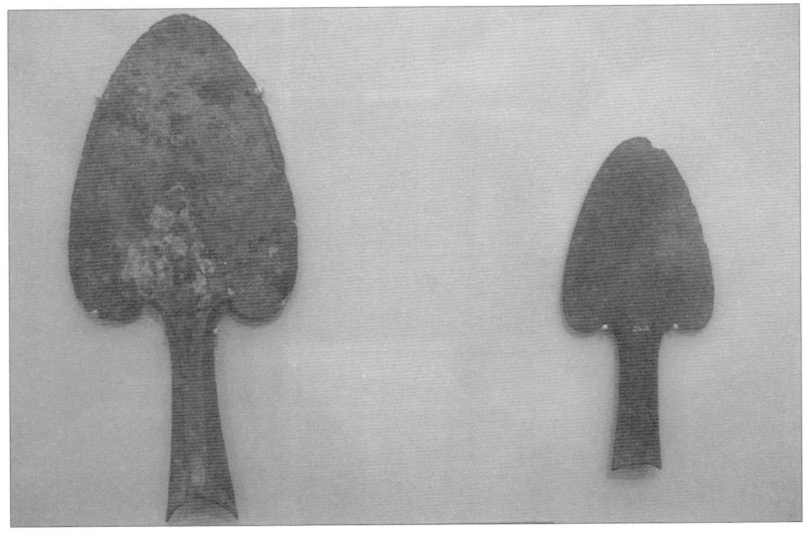

그림 3 청동창

그림 4 플로레스섬의 거석문화

그림 5 돌관무덤

중에는 三佛齊라고 하였다)는 특히 강대한 해상세력을 형성하여 수마트라섬과 자바섬 서부, 말레이반도의 대부분을 수중에 넣었으며 남중국해 무역의 중심지로서 막강한 부를 자랑하는 국가로 발전하였다.

8세기에는 자바섬의 중앙에 샤일렌다르라고 불렸던 왕조가 일어나 보로부두르와 같은 불교유적을 남겨놓았다. 이 왕조는 수마트라섬의 스리비자야 왕조와 밀접한 관계를 유지하였으며 9세기 중엽에 이 두 왕통이 합병됨으로써 한때 남중국해의 강대한 해상제국이 성립되었다. 이 당시 동부 자바에 에를랑가라는 왕이 출현하여 이 지방을 통일하였으나 그가 죽은 뒤 장갈라와 카디리의 2왕조로 분할되었으며, 12세기에는 카디리의 세력이 커지면서 동부 인도네시아의 여러 섬들을 정복하였다. 그때부터 1세기 반 뒤 카디리 왕조가 멸망하자 싱가사리 왕조가 새로 일어났으며 이 왕조 최후의 왕인 쿠리타나가라 시대에는 수마트라를 비롯하여 발리·순다·마두라섬을 정복하였다. 그의 사후 몽골군이 침입해왔으나 쿠리타나가라 왕의 사위 라덴비자야가 몽골을 이용하여 세력을 키우고, 몽골을 물리침으로서 민족독립을 되찾고 마자파히트 왕조를 창시하였다. 이 왕조는 나중에 포르투갈 영토가 된 동인도의 대부분을 지배하여 인도계 국가로서는 최후의 번영을 누렸다.

한편 아랍인들이 남중국해로 진출해서 10~11세기 무렵 베트남의 참파 근방으로 유입해온 이슬람교는 13세기에 수마트라섬 북부의 사무두라와 페들라크에 이슬람 왕국을 성립시켰다.

14세기에는 말레이반도에 교두보를 확보하였으며 말라카가 그 중심지 구실을 하였다. 15세기에 자바로 진출한 이슬람 세력은 특히 중부지방에서 기반을 굳혔으며, 마자파히트 왕조는 북부 해안 부근의 테마크를 지배하였던 이슬람교 군주에게 멸망하였다. 그 뒤 이슬람교는 서부 자바를 비롯하여 보르네오·셀레베스섬 등 여러 섬으로 전파되어 발리섬을 제외한 동인도제도를 휩쓸었다.

근세에 들어와서는 이슬람교도의 해상세력을 격파한 서유럽인들이 진출해 왔다.

포르투갈은 암본을 차지하고 몰루카제도의 향료 무역권을 독점하였으며, 에스파냐인들은 필리핀을 세력권으로 하여 몰루카제도의 향료 무역에도 손을 댔으나 네덜란드에게 동인도의 해상권을 빼앗겼다. 17세기 초 네덜란드의 쿤은 자카르타에서 이곳에 관심을 보이던 영국세력을 몰아내고 바타비아를 건설하여 자바섬에 네덜란드 세력을 심었다. 따라서 네덜란드의 동인도회사는 마자파하트 왕조의 뒤를 이은 마타람왕국을 잠식해 들어갔다.

나폴레옹 전쟁 당시 한때 영국군에게 점령되기도 하였으나 1814년과 1824년에 체결된 런던조약에 따라 네덜란드는 아시아 대륙의 옛 영토를 포기하는 대신 영국으로부터 인도네시아 지배권을 승인받게 되었다. 이로써 자바섬의 토착 왕국은 점차 네덜란드의 무력에 굴복하게 되었고, 마침내 티모르(포르투갈령), 보르네오섬의 일부(영국령), 필리핀(에스파냐령, 나중에는 미국령)을 제외한 인도네시아의 대부분이 네덜란드의 통치를 받게 되어 민족자본가의 성장 가능성이 배제되었다.

그러나 19세기 후반경부터 미약하나마 문화적 활동을 지향하면서도 종족적 색채가 강한 여러 가지 운동이 일어났다. 1908년 와히딘 수디로후소도가 주도한 부디우토모당이 대표적이다. 그 후 이슬람교도들을 중심으로 한 사리카트이슬람(이슬람연합) 운동이 인도네시아 전역에 걸쳐 일어나 종교를 통하여 종족의 벽을 뛰어넘음으로써 대규모의 통일된 힘을 보여 주었다. 그러나 사리카트이슬람은 1920년에는 인도네시아 공산당을 탄생시켰다. 공산당은 1926년 노동조합의 통일전선으로 동인도 노동조합협의회를 결성한 데 이어 공산당을 비롯한 12개 정당과 노동조합을 결속하여 반제국주의 통일전선을 결성하였으나 1926~1927년 전국에 걸친 무장폭동 이후 비합법화되었다. 그

그림 6 네덜란드로부터의 독립을 위해 활동했던 투사들

대신 1927년에는 인도네시아 국민당이 결성되어 지도권을 장악하고 민족주의적 비협조를 제창함으로써 세력이 크게 확산되었다. 그러나 1931년에는 이것 역시 해산 명령을 받게 되어 민족해방운동은 점차 후퇴하였으며, 대인도네시아당이 그 뒤를 이었다. 1936년에는 각종 정당 및 노동단체를 통합한 인도네시아인민회의가 탄생하여 보통선거에 의한 완전한 의회의 획득이라는 슬로건을 정면으로 내세웠다.

그 후 제2차 세계대전 중인 1942년에 바타비아를 점령한 일본군이 동인도 전역에 군정을 실시하였기 때문에 민족운동은 지하로 숨어들었다. 일본의 항복 직후인 1945년 8월 17일 민족운동 지도자 수카르노와 하타를 중심으로 인도네시아 공화국의 독립이 선언되었다. 하지만 실질적인 식민지 회복을 노렸던 네덜란드는 1947년 경찰행동이라는 명목으로 인도네시아에 대한 전면공격을 가해왔다. 이 사건은 국제연합(UN)의 조정에 따라 1948년 1월 15일 렌빌협정에 의해 수습되었으나 이 협정은 인도네시아 민족주의자들의 불만을 샀으며 급진세력이 공산당을 중심으로 결속하여 인민민주당을 조직하였다. 그러나 공화국 정부는 마디운사건[2]을 계기로 이들을 모두 제거하였다.

1948년 12월 네덜란드가 제2차 경찰행동을 일으켜 공화국을 위협하자 다시 반反네덜란드 감정이 높아졌고 식민지 재편성의 주도권을 쥐고 있던 미국이 네덜란드에 압력을 가하기도 하였다. 이 문제를 해결하기 위한 1949년 12월 27일 헤이그 원탁회의 결과 인도네시아 연방공화국이 탄생하였고 네덜란드와의 사이에는 네덜란드·인도네시아 연합이 성립되었다. 그 뒤 공화국 정부는 단일국가 수립에 노력하여 1950년 8월에는 연방을 해체하였다.

---

[2] 수라바야의 남서쪽 145km 지점에 있는 솔로강(江)의 지류인 마디운강 유역의 기름진 평야를 가진 도시 이름이 마디운인데 이곳에서 공산주의자들이 반란을 일으켜 붙여진 것이다.

그 결과 서유럽형 의회제도를 골자로 하는 1950년 헌법에 의하여 단일독립국가로 통일되었고, 이어서 1956년 2월 네덜란드·인도네시아 연합을 폐기함으로써 완전한 독립국이 되었다. 그러나 네덜란드의 경제적 권익은 그대로 남아 커다란 제약요인이 되었다. 국제적으로는 이른바 콜롬보 그룹에 속하여 SEATO(Southeast Asia Treaty Organization : 동남아시아 조약기구)에 반대하며 국제적 긴장완화를 위해 적극적인 활동을 벌였다.

1963년에는 수카르노가 군부의 지지하에 종신 대통령에 취임함으로써 독재체제를 수립하였으며, 대외적으로 UN을 탈퇴하고 소련과 중국과의 관계를 강화하였으며 대내적으로 용공노선을 지지함으로써 군부와 공산당이 대립, 경제난과 정치적 혼란을 초래하였다. 이에 1965년 반공적인 군부세력의 쿠데타가 발발하여 1968년 수하르토 정부가 출범하였다. 수하르토 정부는 1969년 이리안바라트를, 1975년 동티모르를 합병하였으며(1999년 8월에 UN 감시 아래 치러진 주민투표에서 동티모르의 독립이 결정되었다), 1992년 총선에서 집권당이 승리함으로써 연속집권의 기반을 다졌다.

2010년 현재 인도네시아의 대통령은 수실로 밤방 유도요노이며, 그는 2004년 대통령에 당선된 이후 2009년 재선에 성공하였다.

Ⅳ. 정치와 경제

인도네시아의 국체는 공화국, 정체는 대통령 중심제이다. 1945년 8월 17일 공화국 독립을 선포한 이후 대통령 중심제를 고수하고 있다.

신앙의 존엄성, 인간의 존엄성, 통일 인도네시아, 대의정치, 사회정의 구현 등 1945년 제정된 헌법에 따라 '판차실러Pancasilla', 즉 '건국 5원칙'을 국가 이념으로 삼고 있으며, 헌법을 개정하여 강력한 대통령의 권한이 축소되고, 국민 대표기관인 국민협의회(MRP)와 국회(DPR)의 권한이 강화되었다. 정치 성향은, 대내적으로는 군도 국가로서 지역간 불균형, 심각한 빈부격차, 전통과 근대의 혼재, 다종족 등으로 인한 통치상의 난점뿐 아니라, 부정부패·정경유착 등 정치권의 부정부패도 심각하다. 대외적으로는 비동맹 중립노선을 추구하면서 친서방 외교정책을 통한 실리외교에 중점을 두고 있다.

인도네시아는 '세계자원의 보고'라고 불릴 만큼 풍부한 천연자원을 보유하고 있다. 넓은 국토에 다양한 광물자원이 풍부하게 매장되어 있을 뿐만 아니라 적도상 열대지방에 위치하고 있어 열대작물과 임산물도 많다. 원유, 천연가스, 주석, 니켈, 보오크사이트, 석탄, 동과 같은 광물자원이 풍부하게 매장되어 있을 뿐만 아니라 유리한 지리적, 기후적 조건에 힘입어 고무와 커피는 세계 2위, 3위의 생산국으로서 절대적인 부분을 차지하고 있으며 팜오일, 코코아, 차, 사탕수수 등의 생산도 세계에서 중요한 비중을 차지하고 있다. 그리고 인도네시아의 산림면적은 브라질에 이어 세계 두 번째 규모인 1억 4200만 ha에 달해 세계적인 목재, 펄프 공급국이다. 원유와 천연가스는 1970년대 인도네시아 총수출의 70%, 재정수입의 60%를 차지할 정도로 인도네시아 경제에서 절대적인 비중을 차지한 바 있다.

인도네시아는 농업과 광업에 기초를 둔 개발도상국형의 혼합경제체제인데, 1998년 현재 6,020억 달러의 국민총생산 중 농업이 18.8%를 차지하고 종사자수도 총 취업 인구의 45%를 차지하는 농업국이며, 동남아시아 유일의 OPEC(Organization of Petroleum Exporting Countries : 석유수출국기구) 회원국이다. 특히, 1989년 시작된 제5차 5개년계획에서는 농업부문의 식량자급량

그림 7 힌두교 사원

확보와 수출 진흥·고용기회 확대를 위한 공업부문의 개발을 중점적으로 추진하였다.

    그러나 1997년 6월부터 시작된 루피아화의 가치폭락으로 경제가 큰 타격을 받았다. 1997년 6월 1달러당 2,450 루피아가 1달러당 1만 7,000루피아로 떨어지기도 했다. 루피아화의 가치 폭락은 국내의 수요를 감소시키고, 물가 급등, 기업 도산, 실업자 양상, 경상수지 적자 등을 초래하여 1998년 현재 GDP가 전년대비 13.6% 감소하였고, 1인당 GDP는 1996년 1,184달러에서 1998년 480달러로 떨어졌다가 2012년에는 2,946달러로 높아졌다.

V. 사회와 문화

1. 종족 구성의 다양성

인도네시아의 주요한 특색 중 하나는 민족 구성이 복잡하다는 것이다. 주민의 대부분은 직상모와 황갈색의 피부를 가진 말레이 인종이지만 이들도 섬에 따라 여러 종족으로 나뉘며, 동부에는 빳빳한 머리털에 암갈색의 피부를 가지고 있는 파푸아인이 포함되어 있다. 또한 말레이인이 훨씬 많이 거주하고 있는 지역에도 수마트라섬의 쿠부족과 셀레베스섬의 트아라족처럼 선주민으로 추정되는 짙은 검정색 피부를 가진 네그리토족과의 혼혈이 분포한다. 셀레베스섬의 미나하사족, 보르네오섬의 다야크족 등은 비교적 혼혈 정도가 낮은데도 종종 폴리네시아계와 비슷한 밝은색 피부의 종족이다. 그 밖에 역사시대에 이주해온 중국 · 인도 · 아라비아 · 유럽인 및 그들의 혼혈 인종이 도처에 분포하여 인도네시아가 복잡한 민족 이동의 무대였다는 사실을 보여준다.

대표적인 인종은 자바족, 순다족, 마두라족, 아째족, 바딱족, 미낭까바우족 등이며, 전체적으로 300여 종족이 혼합되어 있다. 이들은 인도네시아어를 공통의 공용어로 사용되고 있으며, 주민의 약 88%는 13세기 이후 진출한 이슬람교도이지만 일상생활에서는 그 이전에 이미 군도를 지배하였던 힌두교의 의식도 뿌리 깊게 남아 있으며 애니미즘적 요소도 남아 있다. 그리스도교도는 전 인구의 약 8%, 힌두교도 약 2%, 불교도 1%이고 나머지는 기타 종교이다. 세계에서 4번째로 인구가 많은 나라로 꼽히며 인구 분포는 지극한 불균형 상태로 자바섬(수마트라섬 포함)의 인구가 인도네시아 전체 인구의 64%를 차지하는 등 개발 여부에 따라 인구 차이가 뚜렷하다.

2. 사회관습

인도네시아사람들은 악수나 물건을 주고받을 때 오른손 또는 두 손을 모두 사용하고, 땀을 흘리는 일이 많으므로, 기상 시와 취침 전에 반드시 목욕을 하는 습관을 가지고 있다. 또 머리는 영혼을 담은 곳이라고 생각하여 어린아이라도 머리를 만지지 않는다. 이슬람교의 영향이 큰 것으로 보이는 하나로 술 취한 것을 싫어한다.

지방의 경우 노인 및 어린이들은 통상 낮(오후 2~4시)에 휴식을 취하고, 이슬람교의 금식월인 라마단의 마지막 무렵에는 성대한 축제를 거행한다.

인도네시아는 중국, 인도, 미국에 이어 세계 4위(2억 3천만)의 인구 대국이며, 300여 종족이 이용하는 언어도 500여 종에 이르고 종족별로 상이한 문화와 전통을 유지하고 있으면서도 표준어인 바하사 인도네시아Bahasa Indonesia는 국민의 동질성 유지에 크게 기여하고 있다.

3. 문화

다양한 인종 집단으로 이루어진 인도네시아는 오랜 세월에 걸쳐 문화적인 동화작용을 거쳤으며, 그 결과 풍부한 문화양식을 형성하였다. 대승불교의 유적, 힌두교 사원, 금속 세공, 장식예술 등은 인도네시아의 문화유산으로 보호, 계승되고 있다.

인도네시아에서는 약 5천 년 이상 된 것으로 추정되는 인간과 동물의 형상을 그린 동굴벽화가 남부 술라웨시, 이라얀자야 등에서 발견되었으며, 기원후 100년경의 천연색 그림이 남부 수마트라 등의 대규모 고분의 내벽에서 찾아

그림 8 발리섬의 힌두교 의식

볼 수 있을 정도로 회화의 역사는 오래되었다. 특히 양초와 염색을 이용한 바틱 기법은 일종의 그림 장르로서, 초기 자바인 문학에서는 바틱을 만드는 사람들이 화가로 명명되었고, 현재는 중부의 족자와 발리가 바틱으로 유명하다. 발리풍 회화는 꽉 찬 공간을 활용하여 힌두 설화 및 전설 등을 소재로 시공 구도를 초월한 기법으로 그려 그 독자성을 인정받고 있으며 1930년대부터는 서구의 양화기법의 영향으로 색과 구도의 개념을 도입하는 한편, 전통적인 힌두 설화, 전설 그리고 일상생활상을 화폭에 담고 있는 것이 특징이다.

그런데 인도네시아의 미술은 인도 미술의 한 갈래가 발전된 형태라고 볼 수 있다. 이것은 동남아시아 제국의 경우와 동일하며 역사시대 초기부터 오랫동안 인도문화권을 형성하고 있었다는 점과 관련있다. 이 지역에서 가장 오래된 유품은 수마트라섬·자바섬 동부·보르네오섬·셀레베스섬에서 각각 하

그림 9 플로레스섬의 조상신 목조 조각품

나씩 발견된 불상(수마트라섬의 것은 석불이고, 그 밖의 것은 모두 청동불상)이다. 모두 4~5세기 남인도 양식의 작품으로 수마트라섬의 불상을 제외하면 인도에서 건너온 사람이 가져온 것과 동일한 것이다. 4~5세기 전후에 인도계 미술은 이들 섬들에 뿌리내리게 되었다고 볼 수 있다.

한편 인도네시아 민족 자신의 미술활동에 대한 자료는 남아 있지 않다. 7~8세기에 접어들면서 갑자기 내구 재료인 돌을 이용하는 건축 및 조각을 시작하였으며 이후 많은 유물을 남겼다. 이것은 자바섬·수마트라섬에 관한 것으로(특히 자바가 유명하다) 다른 섬들에는 이와 같은 유품이 없다. 이 밖에 인도네시아계 미술이 행하여졌는지의 여부는 알 수 없다. 자바섬은 인도문화권을 형성하고 있는 동남아시아 제국 중 가장 우수한 종교예술을 전개시킨 지

그림 10 께작 댄스

역으로, 인도의 불교 및 힌두교 미술의 수용을 필두로 8~9세기에는 중부 자바에서 가장 먼저 전성기가 출현하였다.

인도 굽타계의 전아하고 가지런한 양식을 기조로 하여 보로부두르(불교) 및 칸디 롤로전그란(힌두교)과 같은 동양미술사상의 우수한 걸작을 창조하였다. 그 후 정치의 중심이 동부 자바로 이동한 후부터는 인도와의 교섭이 줄어듦에 따라 미술도 점차로 쇠퇴하고 대신 자바의 민족적 요소가 짙어지기 시작하였다. 즉 자바의 미술사는 전형적인 쇠퇴의 과정을 특색으로 하고 있다.

오랜 유품으로는 팔렘방 부근에서 출토된 가장 오래된 석불 외에 스리비자야 초기에 속하는 돌 및 청동의 불교존상이 여러 개 있는데, 중부 자바의 미술과 양식상 밀접한 관계가 있는 것이 주목된다. 동부 자바에서 발견된 찬디 유적, 힌두교 및 불교의 존상 및 숭배물 등이 있으며 그 중에서도 1286년의 연기인 불공견색관음, 14세기경의 거대한 바이라바Bhairava의 입상 등이 대표적인 것으로 인도계의 표현이지만 수법은 현저하게 인도네시아화하고 있다.

꼭두각시 인형극(Wayang kulit, Wayang golek)은 다랑dalang이라는 변사가 힌두 신화 및 설화 등 전래 민속내용을 소재로 하여 가죽, 나무, 바틱으로 만든 꼭두각시 인형을 무대 뒤에서 조종, 표현하는 전통 연극인데, 주로 자바에서 매우 인기가 높으며 최근에는 민주화 추세에 힘입어 표현방식이 은유적으로 현 사회상황을 풍자한 인형극이 자주 공연되고 있다. 이 외에 관광지로 유명한 발리에서는 레공 댄스, 바롱 댄스, 께작 댄스 등이 인기를 얻고 있다.

4. 인도네시아 이슬람의 특징

인도네시아는 세계 최대의 이슬람국가로 전체 인구의 88%가 무슬람이며 무슬람이 전파되기 이전에 이미 이 지역에 깊게 뿌리를 내리고 있던 힌두교와 불교 및 토착 신앙의 영향으로 아랍지역의 이슬람과는 다소 변형된 형태로 정착되었다.

인도네시아 무슬림들은 인도네시아 군도의 본격적인 이슬람화가 진행된 13세기 이래로 이슬람화 진행 과정에서 언제나 개방적이고 수용적이었다는 특징을 가지고 있다. 또 다양한 종족에 의하여 개화된 섬들의 문화는 인도네시아 국가 성립에도 지대한 영향을 끼쳤는데 같은 이슬람 사회에서 조차 정도의 차이는 있으나 종족 간의 이질감이 현재까지 상존하고 있다. 그러나 이와 같은 다양하고 이질적인 요소를 가지고 있는 인도네시아 이슬람의 특성이 구성 요소가 복잡한 이 나라의 다양한 사회를 통합하고, 종족간의 세력 균형에도 적지 않은 기여를 하였다. 인도네시아 이슬람의 종교적 관대함과 비일체

그림 11 이슬람사원

감이 결코 신앙적인 느슨함과 해이함을 의미하지 않는 것은 이와 같은 배경을 가지고 있기 때문이다.

　인도네시아는 종교 문화의 토양 위에서 세워진 나라이다. 인도네시아 사람들은 자연 속에 살고 있으며, 자연의 일부라고 생각하고 자연 속으로 돌아간다는 확고한 신념을 가지고 있다. 그리고 이 자연의 조화는 인간의 힘에 의해서 가능한 것이 결코 아니라 절대적인 신에 의한 것이라고 믿는다. 그러므로 중동의 이슬람이 열악한 자연환경과 정치적 투쟁 과정에서 발전하였다면 인도네시아 이슬람은 양호한 자연환경과 종교문화의 토양에 조화롭게 뿌리내렸다고 보는 것이다.

【참고문헌】

가종수, 2009, 『지금도 살아 숨쉬는 숨바섬의 지석묘 사회』, 북코리아.

가종수, 1010, 『신들의 섬 발리』, 북코리아.

양승윤, 2013, 『인도네시아사』, 한국외국어대학교출판부.

양승윤·박재봉·김긍섭 편역, 1997, 『인도네시아 社會와 文化』, 한국외국어대학교 출판부.

우장문, 2010, 「인도네시아 숨바섬의 고인돌」, 『白山學報』 87.

Naver 백과사전

5

인도네시아 숨바섬의 고인돌

I. 머리말

인도네시아에는 고인돌이 남수마트라, 자바섬, 중부 술라웨시, 나이스섬, 플로레스섬, 숨바섬, 사부섬 등에 광범위하게 분포되어 있다. 그간 인도네시아의 고인돌에 대한 연구는 김병모[1]와 가종수[2]의 연구가 있었고, 인도네시아 학자로서 우리나라에 소개한 이는 Agus Aris Munandar[3], Haris Sukendar[4] 등이 있다.

숨바섬의 역사에 대해서는 문자가 없던 관계로 기록이 남아있지 않아 알려진 바가 거의 없다. 인도네시아 역사에서 숨바섬은 1365년에 성립된 마자파힛 Majapahit 왕국 때 쓰여진 『나가라쿨타가마』에 처음으로 언급된다.

숨바섬에는 세계의 모든 지역에서 명맥이 끊긴 고인돌을 지금도 축조하고 있어 고인돌을 만드는 사회와 만드는 방법을 연구하는데 매우 중요한 정보를 제공하고 있다. 고인돌뿐만 아니라 이 섬의 대다수 마을에서는 전통 방식으로 집을 짓고 있으며, 파솔라 축제 등의 전통적인 문화가 이어지고 있어 많은 인류학자들이 이곳을 방문하고 있다.[5]

---

1) 김병모, 1980, 「쟈바島의 巨石文化」, 『韓國考古學報』 8, 5~36쪽 ; 1981, 「한국거석문화 원류에 관한 연구(Ⅰ)」, 『韓國考古學報』 10·11, 55~78쪽.
2) 가종수, 2009, 『지금도 살아 숨쉬는 숨바섬의 지석묘 사회』, 북코리아.
3) Agus Aris Munandar, 2007, 「인도네시아의 고인돌과 거석문화의 연속성」, 『아시아 거석문화와 고인돌』, 동아시아지석묘연구소.
4) Haris Sukender, 2004, 「인도네시아의 거석문화-특징과 형태-」, 『세계 거석문화와 고인돌』, 동아시아지석묘연구소, 35~39쪽 ; 「인도네시아의 고인돌」, 『세계 거석문화와 고인돌』, 동아시아지석묘연구소, 55~60쪽.
5) 숨바섬을 찾은 이유는 20년 이상 현지 조사를 통하여 인도네시아의 사회와 문화를 연구한 슈지쓰대학(就實大學)의 가종수 교수의 권유와 현지 안내로 이루어졌고, 내용은 가종수

고인돌 사회를 이해하기 위해서는 숨바섬의 조사가 절실히 요구되지만, 아직까지도 체계적인 조사가 이루어지지 않아 몇 기가 어디에 얼마만큼 분포하는지는 정확히 알 수는 없지만 수 천기 이상은 족히 된다고 확신한다.

우리나라의 고인돌 원류에 대하여 자생론이나 북방설이 학계를 지배하고 있는 현실에서 남방에서 이동을 해왔을 지도 모른다는 일부의 주장도 있어서 이를 확인하기 위해서 숨바섬 고인돌 조사단의 일원으로 2010년 2월 10일부터 16일까지 참여하였다.[6]

숨바섬의 고인돌 답사를 통해서 만드는 방법이나 고인돌을 만드는 사회를 이해하는데 많은 도움을 받은 것은 사실이지만 고인돌의 원류가 인도와 연결된다는 근거를 찾기는 힘들었다.

이 글에서는 잘 알려지지 않은 숨바섬의 자연환경, 역사, 종족 구성, 사회, 문화 등을 간단히 소개한 후 숨바섬의 고인돌에 대하여 살펴보겠다.

교수의 저서를 주로 참고하였다.
6) 이번 조사는 일본에 있는 취실대학의 가종수 교수를 중심으로 전남대 임영진 교수, 조진선 교수, 순천대 박물관의 이동희 연구관, 경남발전연구원의 윤호필 조사연구실장이 참여하였는데, 우리나라 고고학자들이 고인돌 조사를 위하여 숨바섬을 방문한 것은 처음이다.

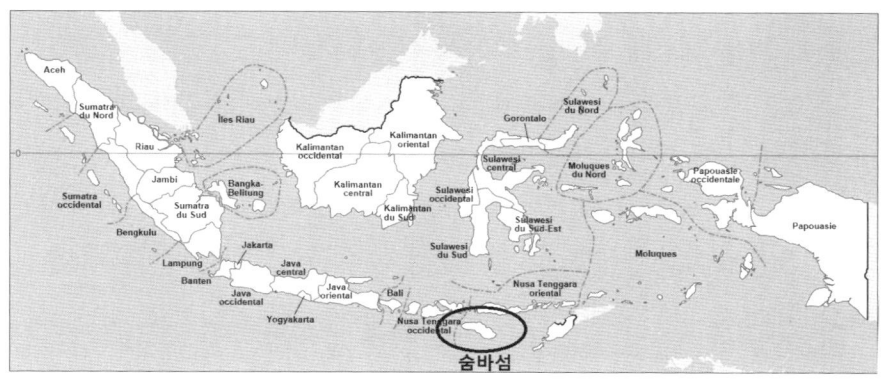

그림 1 인도네시아의 숨바섬

Ⅱ. 숨바섬의 개관[7]

1. 자연환경

숨바섬은 인도네시아 공화국 동부의 동 누사텡가라주Propinsi Nusa Tenggara Timur에 속한 섬으로, 숨바와Sumbawa섬과 플로레스Flores섬 사이의 남쪽에 위치하는 아름답고 작은 섬이다.<그림 1>

숨바섬의 면적은 11,587㎢로 제주도의 약 6배 정도에 해당한다. 숨바섬은 행정 구역상으로 동숨바와 서숨바로 나누어지는데 동숨바의 중심 도시는 공항과 항구가 있어 섬 전체의 출입구 역할을 하는 와잉가뿌이며, 서숨바의 중

---

[7] 숨바섬의 개관에 대한 내용은 슈지쓰대학의 가종수(2009, 『지금도 살아 숨쉬는 숨바섬의 지석묘 사회』, 북코리아)의 글을 정리한 것임.

심 도시는 서부 내륙에 자리 잡고 있는 와이카부박이다.

숨바섬은 석회암의 융기에 의해서 생겨난 섬으로 동서 길이가 210㎞, 남북의 폭이 40~70㎞이다. 남동쪽에서는 이곳에서 가장 높은 원가산(1,225m)으로부터 산맥이 시작되는데 산맥의 내부는 깊은 골짜기 및 언덕에 의한 고원지대가 형성되어 있다. 토양은 주로 석회암질이기 때문에 농업에 적합하지 않은 편이다.

숨바섬은 아주 큰 섬은 아니지만 동·서부 지역의 기후 차이가 크다. 서숨바는 초원이 많아 비교적 시원하지만 동숨바는 비가 적고 건조한 지역이라서 매우 덥다. 면적으로는 7대 3의 비율로 동숨바가 크지만 인구는 서숨바가 두 배 가까이 많은데 이는 상대적으로 서숨바가 생활하기에 적합한 기후와 토양을 가졌기 때문이다.

숨바섬은 인도네시아에서도 전체적으로 건조한 지역에 속하는데 특히, 동숨바는 오스트레일리아에서 불어오는 건조한 계절풍의 영향을 직접적으로 받아 매우 건조하여 우기에도 강우량은 그다지 많지 않아 농사를 짓기가 어려운 곳이다.

2. 역사

숨바섬의 역사는 문헌자료나 고고학적인 편년 연구와 같은 근거가 거의 없기 때문에 세심한 역사의 실증적 뒷받침이 부족하다. 특히 숨바섬의 선사시대 유적은 아직도 발굴을 수반한 본격적인 조사가 대부분 행해지지 않아 불분명한 점이 많다. 따라서 숨바섬의 역사는 주변 제도의 발굴 조사를 참고로 하면서 지극히 대략적인 흐름밖에 알 수 없는 실정이다.

숨바섬에서 최초로 고고학적인 발굴조사가 행해진 것은 1922년의 동숨바 메로로 유적으로 이곳에서는 대량의 옹관묘가 발견되었다. 몇 백기의 옹관이 군집하는 이 유적은 그 후 몇 차례 부분적인 조사가 행해졌고, 본격적인 발굴조사는 1939년 윌리엄W.J.A. Willems에 의해 시작되어 신석기시대부터 금석기시대의 유적이라고 추정하고 있다. 그리고, 하이네 겔더른은 숨바섬을 비롯한 니아스, 플로레스의 거석문화를 신석기시대까지 올려볼 수 있다고 주장하고 있다.

인도네시아의 선사시대에 있어서 최초로 검토해야 할 일은 인도 문명의 영향이지만, 자바나 발리와는 달리 인도의 영향이 직접 숨바섬까지 도달했었던 증거는 없다. 따라서 인도의 고인돌과 숨바섬의 고인돌을 직접적으로 연결시킬 수는 없다. 다만 14세기 이후 자바와 발리를 경유해서 간접적으로 어떠한 문화적인 영향을 숨바섬에 끼쳤을 가능성은 있다. 숨바섬은 마자파힛 왕국의 시대에 쓰여진 책에서 동인도네시아의 다른 많은 섬과 함께 숨바의 이름이 등장한다. 그러나 숨바가 마자파힛 왕국의 직접적인 지배를 받고 있었던 것은 아니고, 그 영향권 또는 교역권 안에 들어 있었던 것으로 보고 있다. 따라서 숨바섬의 역사는 기본적으로 금속기시대 문화가 17세기까지 계속 이어지는 것으로 보아야 할 것이다. 따라서 숨바섬의 시대 구분은 한국사와 같이 고대와 중세에 해당하는 부분이 없고, 선사시대에서 단숨에 식민지시대로 돌입한다.

네덜란드 동인도회사가 숨바인과 처음으로 공식적인 관계를 맺은 것은 1751년이다. 티모르의 쿠팡 주재 장관 불후가 숨바섬을 방문하여 열 명의 수장들과 협약을 맺은 것이다. 이후 1756년 숨바의 여덟 명의 수장과 정식 협약을 맺었다. 그런데 이때 동인도회사가 관심을 갖은 것은 백단향과 노예였다. 그리하여 백단향 나무는 모두 사라졌고, 말이 숨바의 교역품의 중심이 되는

19세기 말까지 노예 매매는 계속되었다. 네덜란드의 동인도회사가 1799년 해산된 이후에는 네덜란드 정부가 인도네시아를 직접 통치하였다. 이 때 숨바 각지의 지배자(라자)는 네덜란드의 군사력에 의해 네덜란드 식민지정부의 행정기구 아래에 놓이면서 각각의 영지를 자치령으로 인정하는 간접지배의 형태를 취하였다.

1907년 숨바섬은 네덜란드 부영사의 지배를 받게 되다가 후에 동숨바도, 중부숨바도, 북서숨바도, 남서숨바도로 분리되었다. 후에 자치령이 세분화되기도 하는데 위법적으로 무력을 행사하지 않는 한 식민지 정부의 간섭을 거의 받지 않았다. 이때의 수장(라자)들은 식민지 정부의 비호를 받아 권력 기반을 강화하게 되었다.

제2차 세계대전이 시작되어 1942년 5월에 일본군이 인도네시아에 진주하고, 숨바섬도 일본군의 점령 아래 놓이게 되었다. 일본군은 숨바섬 전체를 동·서숨바로 나누고 도관리관이 통치하다가 일본이 패망하면서 잠시 네덜란드의 식민통치가 부활했었으나 1949년 네덜란드로부터 인도네시아 전체가 독립하였다.

독립 당시에는 숨바가 속한 곳이 소순다주Propinsi Sunda Kecil라고 불렸지만 1954년부터 누사텡가라주로 이름이 바뀌었다. 그 후 누사텡가라주는 세 개로 분할되어 현재의 동누사텡가라주가 만들어졌다. 1962년 라자령이리고 불린 영역이 행정군으로 변하여 종래의 수장이 보유하고 있던 전통적인 권한은 상실된 면도 있지만 아직도 숨바 사회에서 무시할 수 없는 지위를 계속 유지하고 있다.

그림 2 우브발레아 마을 어린이들

3. 종족 구성

숨바 원주민들에 대해서는 의견이 분분하지만 인도에서 이동해 왔다는 것이 많은 학자들의 주장이다. 일부는 이들이 인도를 출발해서 말라카에 조금 머물다가 다시 수마트라 - 자바 - 발리 - 롬복 - 숨바와 - 플로레스 - 띠모르 - 로떼 - 사부를 거쳐 숨바에 정착했다고 주장하고 일부는 인도에서 플로레스를 거쳐서 바로 숨바섬으로 왔다고 주장하기도 한다.

숨바섬에는 사부섬으로부터 이주해 온 사부인과 플로레스섬의 엔데로부터 온 엔데인, 그리고 자바인, 롬복인, 숨바와의 비마인, 화교 등 소수의 외래계 민족집단을 제외하면 숨바인이라고 총칭되는 사람들이 거주하고 있다.<그림 2>

숨바족은 언어적, 문화적으로 동남아시아를 기원으로 하는 소수민족의 하나로, 그들의 선조는 오스트로네시아어족Austornesian이다. 오스트로네시아어족의 범위는 동쪽으로 태평양의 이스터섬, 서쪽으로는 인도양 서부의 마다가스카르, 남쪽으로 뉴질랜드, 북쪽으로 대만, 하와이 제도를 포함하고 있으며, 500개 이상의 언어가 사용되고 있다. 고고학적인 조사에 의하면 오스트로네시아어족의 고향은 중국 남부와 북베트남으로 약 6,000년 전부터 동남아시아시아의 도서부와 태평양의 많은 섬에 확산되었다고 한다. 오스트로네시아어족이 가지는 공통적인 문화는 머리사냥, 고상가옥, 선조신앙, 거석유구의 축조이다.

숨바섬의 오랜 마을은 수마트라 바탁족이나 술라웨시 토라자족과 같이 비교적 높은 산 위에 위치한다. 물 문제를 비롯한 많은 어려움을 감수하고 사람들이 산 위에 사는 것은 어느 정도의 해발고도에서는 기후가 시원하고 정글도 적어서 인간이 살기 좋은 환경이 되며, 적의 공격으로부터 마을을 지키기도 쉽기 때문이다. 이 때문에 동남아시아 각지의 고산지대에는 많은 마을들이 형성되어 있다.

4. 경제

숨바섬의 생업은 벼농사를 중심으로 하는 농업이다. 농경지는 관개 시설보다는 강우에 의존하는 천수답이 대부분이다. 서부지역에서는 자급자족할 수 있을 정도의 쌀이 수확되지만, 대부분은 화전경작으로 옥수수, 콩, 커피를 재배하고 있다. 동숨바는 고원이 많은 부분을 차지하며 열대 우림보다는 우기가 짧은 사바나 기후를 보이고, 대부분의 사람들이 논농사와 가축 기르는 것을 업으로 삼고 있다. 많은 초지 때문에 일찍부터 말의 방목이 행해져서 인도

그림 3 숨바섬의 물소

네시아 최고의 말 생산을 여전히 담당하고 있다. 가축은 닭을 제외하면 물소가 가장 많고 그 다음이 말, 소의 순서이다. 물소는 제사용으로 높은 교환가치를 갖고 있기 때문에 소유 정도에 따라 재산의 정도를 알 수 있다.<그림 3·4>

숨바의 특산물은 말 이외에도 아름다운 색채와 문양이 다양한 동부의 수직물(ikat)이 유명하다. 숨바섬은 원래 초원이 덮인 아름다운 섬이었다. 특히 향로로 인기가 높았던 백단나무가 많아 16세기 포르투갈 항해자들에 의해서 샌들우드섬이라는 이름으로 유명해졌으나, 19세기에 백단나무가 전부 벌채되어 석회질의 황무지 땅이 되어버렸다.

그림 4 물소를 이용하여 논흙을 다듬는 모습(제경)

5. 사회

1) 수장사회

숨바섬은 작은 부족들이 난립하고 있었던 수장사회(Chiefdom)였다. 수장사회란 수장이라고 하는 세습적인 공직과 수장이 속해 있는 출신 집단을 중심으로 하는 계층적 사회 질서, 수장이 여러 촌락의 영역 지배라고 하는 세 개의 요건을 갖춘 사회를 가리킨다. 숨바사회는 전통적인 토대 아래에 파라잉 Paraingu이라는 정치적 영역의 중심이 되는 촌락이 있다. 이곳은 그 영역의 사회와 제사의 중심이 되는 촌락으로 왕국보다 정치적 통합이 낮은 단계의 수장사회를 이끌어가는 중핵마을이다. 중핵마을은 대개 수장사회 전체의 사회적, 의례적인 통일성이 집약되어 구상화된 곳이고 주변의 분촌을 합한 대파라잉(Paraingu Bokulu)이 있다. 이러한 촌락을 넘어서 농경지까지를 포함한 용어로는 타나Tana를 사용하기도 한다.

대부분의 중핵마을은 네덜란드 식민지 통치 이전에는 높은 산중턱이나 정상에 위치하고 그 주변을 선인장 울타리나 돌담으로 요새화 했었으나 1906년 식민지 통치가 시작된 이후에는 중핵마을의 건설이 금지되어 언덕 기슭에 작은 취락을 만들어 분산 거주하고 있다.

파라잉의 규모는 일반적으로 15~20호 정도인데 비해 그에 종속되는 마을인 코타크는 4~5호 정도이다. 네덜란드 지배 이후에는 상당한 자치권을 가지고 있던 여러 파라잉을 지배하는 작은 왕의 성격을 가진 라자Raja가 출현하였다. 이 라자들은 자기들의 힘을 과시하기 위하여 거대한 고인돌을 축조하기도 하였다.

수장들의 권위는 라자를 통해서 이해할 수 있는 데 라자는 노예를 이용하여 평민의 생명과 재산을 좌우할 수 있다는 보고가 있다. 수장은 다른 씨족장과 협의하여 중대한 결정을 내리는 것이 일반적이지만 라자는 단독으로 행동하기도 한다.

수장은 평민과 비교할 수 없을 정도의 경작지와 돼지, 말, 물소 등의 가축을 소유하고 있고, 중핵마을의 미혼 여성을 다른 씨족에게 신부를 보내는 권한을 가지고 있다. 수장의 장례는 향응과 호화로운 부장품으로 다른 수장과의 위신을 겨루고 있어 막대한 재산을 소비한다.

수장사회의 내부 지배체제를 보면 네덜란드 식민지 정부에 의해 19세기 이후 형성된 라자의 직을 제외하면 종교적 권위를 가진 라토(Rato)의 체계만 남아 있다. 서숨바의 경우 마을을 넘어서는 단계의 정치적 지배자는 존재하지 않고, 단지 종교적인 권위를 가진 라토만 존재한다. 그런데 이 라토는 적극적인 정치권력을 가진 라자가 될 수 없는 특징이 있다.

숨바는 크게 동숨바와 서숨바로 나누어지는데 동숨바는 각각의 수장 사회에는 수장이라고 하는 세습직이 존재했으며, 수장은 여러 촌락을 포함한 영역을 지배하고 모든 씨족에게 권위를 행사했다. 사회 질서로는 계층사회를 이루고 있는데 수장이 속하는 씨족은 귀족층을 구성하며, 그 이외의 평민층 씨족과의 상징적, 사회적, 경제적인 계층 분화가 강화되었다. 반면 서숨바는 동숨바의 귀족층에 대응하는 계층이 없고, 경제·사회적인 계층분화가 이루어지지 않은 비교적 평등한 사회였다. 그러나 서숨바에도 신관과 평민 사이에는 엄연한 신분적인 구별이 있고 노예도 존재했다. 서숨바는 20세기 초 식민지 정부에 의하여 라자를 중심으로 한 정치체계가 형성되었고, 일부 지역에서는 정치적인 수장이 존재하지 않는 비교적 평등한 사회질서가 그대로 유지되고 있다.

촌락별로 비교적 자치권이 강했던 숨바가 중앙집권적 계급사회로 바뀐 것은 네덜란드 식민지 정부를 배후로 힘을 키운 수장들이 나타나면서부터이다.

2) 씨족과 마을

숨바의 마을은 예외 없이 여러 부계 씨족의 구성원으로 이루어진 회합세대이다. 부계씨족의 규모는 다양하지만 각기 독립한 존재이다. 마을은 한 개나 두 개의 부계씨족의 성원에 의하여 설립되지만 확대되면 파생마을이 생기게 된다. 그런데 마을을 창설한 개척자의 부계씨족은 마을이 형성된 이래 현재에 이르기까지 마을 중심의 부계씨족으로서 권위를 계속 유지하는데 주로 제사 의례상의 특권을 독점한다. 이 제사 의례상의 독점을 인증하는 것이 바로 숨바어로 마라푸의 집이다. 마라푸란 비인격적인 초자연적인 힘을 뜻하지만 보통 생물과 무생물을 불문한 영혼이 담긴 것 모두를 의미한다. 마라푸의 마ma는 접두사로 별 의미가 없지만 라프rapu는 조상을 의미하는 'apu'라고 하는 말로부터 유래한다.

부계씨족의 상징인 마라푸의 집은 두 종류가 있는 것이 보통이다. 그 하나는 카보브Kabobu이고 다른 하나는 우마 카라다Uma Kalada이다. 카보브는 작은 초가지붕의 오두막집 내지는 돌담으로 둘러싸인 작은 제당 형태로 백단나무로 만든 목상과 석상, 북, 금장식 등을 모시고 있는데, 이것은 마을 사람들은 볼 수도 만질 수도 없고 신관들만이 관여할 수 있다. 우마 카라다는 관습 가옥군 중에서 최고의 격식을 가지고 있는 집으로, 각각의 관습 가옥 군이 모시고 있는 마라푸 중 최고의 마라푸를 모신 곳이다.

3) 신분제도

숨바섬에는 아직도 일부 지역에 신분제도가 존재하고 있다. 특히 동숨바는 왕족(Raja)과 귀족(Maramba), 사제(Rato), 평민(Tau Kabihu), 노예(Ata)로 나뉘어져 있다. 이 계급구분은 태어날 때부터 결정되는 세습적인 것으로 각 계층 간에 신분 이동은 거의 불가능하다. 신분제도는 서숨바 보다는 동숨바가 훨씬 확실하게 구분된다.<그림 5>

귀족층에는 신관이나 수장이 포함되어 있는데, 그 중에서도 라자는 중핵마을을 창건한 조상과 계보상으로 연결되며 토지, 말, 금, 물소, 돼지 등을 소유하고 있다. 라자의 집은 권위의 상징으로서 재질과 조각 장식이 일반 가옥과 다르다.

신관인 라토의 계층에는 상하의 두 단계가 있다. 상위의 라토는 독자적인

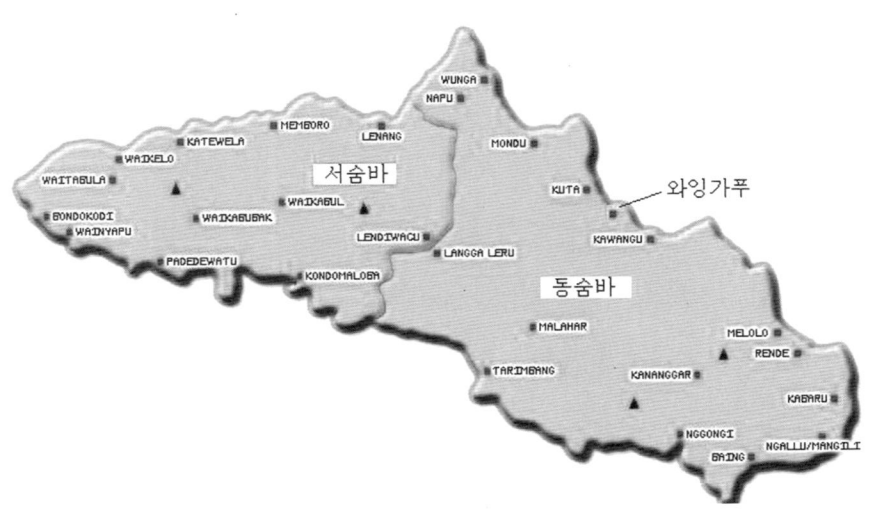

그림 5 동숨바와 서숨바

표 1 숨바섬의 신분제도

구분	동숨바	서숨바
왕	Raja	Raja : 식민지 이전에는 존재하지 않았다.
귀족	Maramba	Maroba : 식민지 이전에는 존재하지 않았다.
신관	Rato	Rato : 종교적인 지배자로 존재했었다.
평민	Tau Kabihu	Tau Kabihu
노예	Ata	Ata

집의 마라푸를 모시는 종가의 호주이고, 하위의 라토는 일반적으로 분가한 마을의 신관이다. 이들은 의례의 진행과 그 과정에서 필요하게 되는 마라푸계와 교신을 도모하는 역할을 담당하는 제사장인데 라자의 간섭을 받지 않는다.

평민은 귀족도 노예도 아닌 표시가 붙지 않은 사람(Unmarked Member)이라는 의미로서의 씨족의 구성원이다. 평민도 선조 중에 여성 노예가 있었으면 소평민(Kabihu Kudu)이라고 해서 한 단계 낮은 신분으로 간주된다.

노예는 세습적인 노예와 전쟁에서 포로가 되거나 매매를 통하여 노예가 된 두 종류가 있다. 노예는 집을 가지는 경우는 거의 없으며, 주로 귀족의 가내 노예이다.

4) 배를 중시하는 숨바 사회

인도네시아의 각지에는 촌락공동체가 산간지방임에도 불구하고 배를 암시하는 요소를 곳곳에서 볼 수 있다. 특히, 동부 인도네시아의 각 촌락에는 마을 전체가 배를 상징하는 관념과 마을 구조의 앞부분이 뱃머리, 중앙부는 배의 중심부, 뒷부분은 배꼬리로 구성되어 있는 공통점이 존재하는데, 숨바섬도 이러한 과거의 전통 문화가 강하게 남아 있다. 숨바섬에서는 섬으로 돌아가는 것, 마을로 돌아가는 것, 집으로 돌아가는 것은 모두 배로 돌아가는 것을 의미한다. 또 죽음이란 영혼이 배에 올라타 조상의 영혼이 있는 서쪽의 세계로 향하는 것으로, 장례식은 지상의 인간이 그 항해를 준비하는 것을 의미한다. 숨바섬의 마을에서는 거석광장을 사이에 두고 2열로 배치된 가옥, 거석광장을 중심으로 원형 또는 타원형으로 배열된 가옥, 촌락이 세 개의 주요 구역으로 분할되어 각각 배꼬리, 배의 중앙, 뱃머리로 불리기도 하는데 이러한 구조들은 모두 배를 상징하는 것들이다.

마을의 중심부에는 타로라Talora라고 하는 거석광장이 있는데, 여기에는 고인돌, 마라푸의 출입구로 간주되는 카토다Catoda라고 하는 적석 유구가 있으며, 옛날에는 다른 부족의 머리를 베어 걸어 놓은 기둥(Adung)가 있었다. 이 중 고인돌은 인간의 배꼽에 해당하는 곳으로 거석광장은 갑판에 해당한다. 고인돌에 만들어진 펜지 레티Penji Reti는 돛에 해당하는 것이다.<그림 6>

그림 6 고인돌의 펜지 레티

6. 문화

숨바섬은 인도네시아에서 가장 전통을 고수하고 있는 섬 중의 하나로 꼽힌다. 특히 숨바 섬 내에서도 교통이 불편한 서숨바는 인도네시아 민속학자와 고고학자들 사이에서도 인기를 끌 정도로 전통적인 것들이 많이 남아있다.

그중 가장 주목받는 것은 말을 타고 벌이는 모의 전투인 파소라Pasola축제이다. 이 축제는 우기의 마지막인 2~3월 사이에 숨바섬 북서부 지역에서 주로 열린다. 또 숨바섬에서는 고인돌을 만드는 과정을 온전히 볼 수 있어 고인돌 사회를 연구하는데 많은 단서를 제공하고 있다.

1) 장례식

마라푸의 영향으로 영혼의 세계에 참가하는 의식인 장례식은 숨바인의 생활에서 가장 중요한 행사가 되고 있다. 마라푸의 땅으로 가는 망자에게 음식을 제공하기 위해 물소나 말을 죽이며 주검은 화려하게 치장되어 땅에 묻힌다. 더불어 그들이 항상 씹던 시리삐낭(비틀넛)도 함께 묻는다. 화려하지 않으면 다른 영혼들에게 괄시를 받는다고 생각하기 때문에 이런 장례식을 치른다.

공을 들이지 않는 장례식을 한 영혼은 마라뿌의 세상에 들어갈 수 없기 때문에 구천을 떠돌아다니며 산 사람들을 괴롭힌다고 믿는다. 그래서 화려한 장례식을 하지 못하는 경우는 가매장을 한 후 몇 년 동안 돈을 모아 거대한 무덤을 세운 후 장례식을 행한다(술라웨시에서도 똑같은 풍습이 있다).

장례식의 크기는 몇 마리의 물소가 도축되느냐로 가늠된다. 인도네시아 정부는 물소의 손실을 막기 위해 도축세를 부과하여 장례식 때 사용되는 물소의 수는 감소되었지만 근본적인 생각에는 변화를 주지 못해 장례식의 전통은 여전히 이어지고 있다.

숨바섬의 장송의례는 지역과 사망자의 신분에 따라 다소 차이가 있는데, 매장 의례를 소개하면 다음과 같다.

첫째, 기본적으로 죽은 사람은 고인돌에 매장한다. 고인돌을 재활용하는 경우가 있는데 이때에는 반드시 조부모 세대와 손자 세대가 함께 매장된다. 사람이 죽으면 재력에 따라 금은의 장식품을 몸에 부착시킨 후 영아의 모습을 흉내 낸 웅크린 자세로 해서 천(ikat)을 감싼 후 목관에 넣어서 집안의 제일 큰 오른쪽 방에 안치한다. 상주는 조문객을 수용하기 위한 임시 가옥과 식량이 확보된 후 장례를 치르는 데 빠르면 수개월, 길면 10년 이상을 기다리는 경우도 있다고 한다.

둘째, 현재 정부는 사후 3일 이내에 매장하도록 권장하고 있다. 기존의 고인돌을 재이용하거나 시멘트제 고인돌은 3일 이내에 매장이 가능하며, 현재의 숨바섬 장례는 거의 1차장이다. 전통적인 장례는 고인돌을 축조하는데 오랜 시일이 걸리는 2차장이 일반적이었다. 이 때 신분이 높은 경우는 관습 가옥이나 거석 광장의 한 쪽에 큰 나무를 파서 안치하고 평민의 경우는 초분에 시신을 안치한다.

셋째, 장례가 거석 광장에서 행해지며 사망자의 지위와 부에 따라서 말이나 물소를 도살해 죽은 자의 제연이 행해진다. 장례식 날 아침에는 수 십 명의 친족들이 징이나 북을 치며 물소를 선두로 마을에 들어온다. 조문객들은 상주 측에 조문인사를 한 뒤 대변자를 통해 말, 물소, 돼지, 닭 등의 조문품을 전달한다. 저녁 때 고인돌 앞에는 신관이나 목사 등이 죽은자를 위한 기도를 하는데 입관 후에는 염직물이 놓이고 덮개돌을 덮는다.

2) 제사 의식

숨바섬의 대표적인 제사로는 종가집의 신축 의례인 라위 라토Rawi Rato와 신년에 행하는 우라 포두Wula Po'du가 있는데 모두 부계 씨족 시조의 영혼을 위로하는 일종의 조상제사라고 할 수 있다.

① 라위 라토(Rawi Rato)
라위 라토는 부계씨족의 최대 제사 의례로 숨바어로 마라푸의 집을 세우는 것을 말한다. 라위 라토는 종가집을 전면으로 개축하는 경우와 종가집의 지붕이나 일부를 수축하는 경우 등 두 가지 경우에 한해서 행해진다.

라위 라토는 원칙적으로 7년에 한번 실시하도록 되어있지만 풍작이 들 경우 3년째에 실시할 수도 있다. 그러나 실제로는 집이 10~20년은 가기 때문에 전면적인 개축을 하는 경우는 드물고 보통 집의 지붕만 바꾸는 경우가 많다. 종가를 신축하는 경우는 보통 1~2개월이 필요한데 마라푸의 신체는 신관 이외의 일반 사람들의 눈에 닿지 않게 천으로 싸여 임시 가옥에 옮기고 공사를 한다.

② 우라 포두(Wula Po'du)

우라 포두는 숨바어로 성스러운 달을 의미하는 말로 신년제를 가리킨다. 신년제 포두는 10월 중순에서 11월 중순까지 1개월간을 성스러운 달로 생각하여 가축을 죽이는 것, 징을 치는 것, 집의 수리, 장례식 등 모두의 눈에 띄는 소란스러운 활동을 금지하고, 사람이 죽어도 우는 것도 금지된다. 이 성스러운 달이 시작되면 신년이 되는 것이고 마지막 날은 일 년을 마무리 짓는 의미로 사람들은 밤새 춤추며 신년의 설날을 맞이한다. 신년제 포두의 제사 의식은 라위 라토와 함께 최대의 씨족 행사이다. 신년제와 같은 큰 행는 숨바섬의 마을에 반드시 있는 나타라 카라다Natara Kalada로 불리는 거석 광장에서 행해지는데, 이때에는 마을의 모든 사람들이 모여서 노래와 춤을 춘다.

3) 숨바의 신화

숨바의 신화에는 우주 창조의 신 이나 파카우룽구Ina Pakawurungu(여신)와 아마 파카우룽구Ama Pakaurungu(남신)가 남자와 여자를 창조하여 지상의 오래된 숲의 언덕에 보냈다고 한다. 지역에 따라서는 여신을 이나 불Ina Mburu, 남신을 아마 다바Ama Ndaba라고 말하는데 두 사람은 큰 눈과 귀를 가졌고 모든 사람들의 행동을 볼 수 있으며 이야기를 들을 수도 있다고 한다.

나중에 남자와 여자는 결혼해서 여덟 명의 아들과 여덟 명의 딸을 낳아 이 열 여섯 명의 아이들은 천국과 지상을 연결시키는 역할을 하고 있었다. 그들은 세계의 각지를 여행하고 마침내 북숨바의 사사르Sasar 동굴에 정착하였으며, 이들이 숨바족의 시조라고 하는 신화가 전해진다.

또, 숨바섬 북부의 카푼독 지방의 신화는 왕의 씨족 선조인 움부 하마라가 하늘로부터 강림했다는 이른바 천손강림 신화이다.

숨바섬의 전설을 종합하면 숨바도민은 소순다열도인 숨바와섬이나 플로레스섬에서 도래했다고 하는데, 최초의 상륙지점은 섬의 최북단에 있는 사사르이다. 옛날에는 이곳으로부터 플로레스섬과 숨바섬이 통하는 돌다리가 연결되어 있어서 하늘로부터 강림하는 선조 신(Marapu)과 그 밖의 많은 사람들이 이 돌다리를 건너서 또는 배로 숨바섬으로 왔다는 것이다. 그런데 어느 날 갑자기 돌다리를 건너서 많은 사람들이 플로레스섬으로 돌아가기 시작하자 놀란 선조들은 회의를 하여 번개로 돌다리를 부숴버렸다고 한다. 그 결과 사사르는 그들의 발상지가 되었고, 현재도 사후 영혼의 귀결처로 믿고 있다.

사사르에 강림한 마라푸는 여기에서 인간을 창조했다고도 전해진다. 마라푸의 신관은 화의를 열어 숨바도민의 규범을 정하였다고 한다. 이를 뒷받침하듯이 오래된 고인돌은 북숨바에 많이 분포되어 있고, 무덤의 방향도 북향이 많다.

4) 파소라(Pasola) 축제

숨바섬의 최대 의례는 수백 명의 기수가 나무로 된 창으로 싸우는 파소라 축제이다. 그것은 과거에 부족 사이의 전쟁을 재현한 것으로 전에는 석전도 있었다고 한다. 파소라는 잘 치장한 말을 타고 벌이는 모의 전투이다. 말을 타고 달리면서 창을 던져 상대편을 맞추는 경기이며 고도의 말 타는 기술이 요구되며 가장 빠른 속도로 말을 달리면서 창을 던지는 것을 최고의 기술로 여기고 있다. 위험이 뒤따르기 때문에 인도네시아 정부에서는 날카로운 창끝의 사용을 규제하고 있지만 중상자가 자주 나오기도 하고 종종 사망자도 발생한다.

기마전인 파소라를 개최하는 시기는 우기로부터 건기로 넘어가는 시기로 벼를 심은지 얼마 되지 않는 농경 주기가 시작되는 시기에 해당한다. 또 해안에서는 냐리Nayie라고 하는 바다 벌레가 번식하는 시기이기도 하다. 사람들은 이 냐리 벌레의 발생을 벼농사 개시의 기준으로 하여 파소라 행사 전의 이른 아침에 신관들에 의한 냐리 벌레를 맞이하는 의례가 진행된다. 냐리 벌레 마중의 의례나 파소라는 벼의 풍년을 바라면서 행해지는 일련의 축하 행사이다.

그리고 해안 가까이의 평원에서 저녁까지 반복해서 열리는 기마전 파소라가 그날 행사의 하이라이트이다. 전사는 화려한 민족의상을 몸에 걸치고 마을마다 수백 명씩의 전사가 쌍방으로 나뉘어 장식된 말을 타고 적진을 향해 창을 던지는 실전이다. 파소라에서는 하늘에서 떨어지는 창은 비를 상징하고, 인간의 피를 대지에 흘려서 신을 대접하는 것이 이 의례의 본질이라고 할 수 있다. 숨바 사람들은 전투 중에 뿌려지는 사람과 동물의 피가 땅을 비옥하게 만들어 풍년을 들게 한다고 믿는다. 만약 피를 보지 않은 상태로 끝나면 숨바 사람들은 파소라가 의미 없었다고 생각한다.

5) 언어

숨바섬의 언어는 인도네시아의 다른 지역과 동일한 오스트로네시아(Austronesia)어계의 언어가 사용되고 있다. 동숨바에서는 대략적으로 군마다 언어적인 지역차가 보이지만 서로 이해가 가능할 정도이다. 캄베라어는 본래

와잉가푸가 위치하는 캔베라 지방의 언어였는데 동숨바의 넓은 지역에서 사용되고 있다. 한편 서숨바에서는 언어의 지역차가 훨씬 크고, 서로 다른 여섯 가지의 언어가 사용되고 있다.

6) 의복

숨바섬의 여성들이 짜는 직물(Ikat)은 생활 수입원으로 큰 비중을 차지하고 있다. 그리고 숨바섬에서 만들어지는 직물은 문양의 풍부함과 디자인 구성의 독특함이 세계적으로 높이 평가되고 있다. 이캇으로 불리는 옷은 동부 숨바에서는 붉은색을 섞어 화려한 반면 서부 숨바의 이캇은 검은색으로 단조로운 느낌을 준다. 직물은 발리섬에 가져가 기념품으로 팔리는 것 외에 일상생활에서 생활물자와 교환되거나 금은의 장식품, 말과 소에 필적하는 재산으로 여겨져, 죄를 범했을 때 벌금 대신 지불할 수 있고, 결혼할 때 직물의 매수가 부의 상징이 되고, 장례에도 필수 불가결한 것으로 되어 있다.<그림 7>

숨바섬의 직물은 힝기Hinggi, 살롱Salong, 슬렌당Selendang으로 불리는 것이 있다. 힝기는 남자용 허리띠와 어깨띠가 되는 옷으로 두 매가 한 조가 되고 있다. 살롱은 여자 옷으로 옷감 두 장을 원통 모양으로 봉합한 것으로 치마처럼 입는다. 슬렌당은 옷감을 둘 또는 네 겹으로 접어서 어깨에 걸치지만 남성은 머리에 감기도 한다. 머리에 감는 카포타로 불리는 것이 있는데, 이것은 무지를 사용해 부족·계급에 의해 형태가 다르다.

이캇에는 마라푸 신앙으로부터 오는 상징적인 의미를 지닌 사자, 사슴, 물소, 악어, 거북이, 말, 뱀, 새우, 닭 등이 자주 등장하며, 장례식 때 부장용으로 쓰기도 한다.

그림 7 이캇을 짜는 모습

7) 음식

숨바인의 주업은 농업이고, 주식은 쌀이지만 일부 지역에서는 우비Ubi라고 하는 고구마류와 옥수수를 주식으로 하기도 한다. 전통적인 숨바 요리는 자극이 강한 향신료를 친 것으로 향기가 강한 뿌리나 잎, 열매, 양파, 마늘, 발효시킨 물고기의 페이스트, 레몬즙, 코코넛 오일 등을 사용하여 풍미가 강하다.

음식은 면류를 제외하고는 기본적으로 손으로 먹는데, 특히 오른손만을 사용하는 것이 매너이다. 상류계급이나 레스토랑에서는 오른손에 스푼, 왼손에 포크를 들고 식사한다. 라면과 같은 면류는 젓가락을 사용하고, 국물이 없는

그림 8 삐낭을 씹어 빨개진 이빨

음식은 스푼과 포크를 사용한다.

숨바섬의 기호품으로는 입 주위가 벌겋고 이빨이 검은 장년층을 볼 수 있는데, 그 원인은 비틀넛Betle Nut(빈랑나무 열매)을 씹었기 때문이다. 시리 삐낭Siri Pinang으로 불리우는 비틀넛은 젊은 세대는 그렇게 많이 씹지는 않지만 재래시장에서 여전히 인기를 끌고 있는 품목으로 어디서든지 쉽게 볼 수 있다. 의학상으로 약간의 원기를 북돋게 하는 효과가 있다고 하지만 신체적인 효과보다는 숨바에서는 시리 삐낭은 사회적인 중요성이 더 크다.

시리 삐낭을 씹을 수 있다는 것은 성인이 되었음을 의미한다. 삐낭을 싸고 있는 푸른색의 구장(betel : siri) 줄기는 남자를 뜻하며 삐낭은 여자를 뜻한다. 그리고 라임(레몬 비슷한 과일)은 정액을 뜻한다. 이 라임 때문에 타액이 생겨 입가를 붉게 만든다. 타액을 뱉을 때 그들은 아기를 생산하는 피가 땅으로 돌아간다고 믿는다.

　시리 삐낭은 부족간에 협상이나 중요한 일을 결정을 할 때 꼭 등장하며 손님이 방문자를 환영한다는 뜻으로 제공된다. 만약 마을을 방문한 남자가 주인이 주는 시리 삐낭을 씹지 않으면 전쟁을 선언한 것으로 간주하기도 했다.<그림 8>

　8) 주택

　다른 동인도네시아와 같이 숨바인들의 집은 단지 주거뿐만 아니라 사회적인 단위이기도 하다. 숨바어로 우마Uma는 전통적인 집과 부계의 그룹을 의미한다. 선조의 집은 고유명사로 불리고 오랫동안 의례를 올리는 중심이 되어 왔다. 우마를 신축 또는 개축하는 경우는 많은 사람들이 동원되고 막대한 비용이 든다.

　숨바섬에는 특정한 역할을 담당하는 집으로 나누어지는데 관습가옥(Uma Bakulu), 민가, 작업용 가옥, 마라푸 신당(Uma Marapu), 점술하는 집 등의 가옥이 있다.<그림 9·10>

　숨바섬의 전통 가옥은 야자잎 또는 알랑알랑이라고 하는 풀로 덮인 초가의 뾰족한 지붕을 특징으로 한다. 기둥에는 야자나무가 사용되고 마룻바닥, 벽, 지붕은 모두 대나무로 만들었으며 못은 일절 사용하지 않는다. 가옥의 수직적 구조는 세 부분으로 구분된다. 위로부터 조상혼, 인간, 동물이라고 하는 세 개의 층으로 구성되어 있다. 최상층에는 마라푸신이 모셔져 있고, 중간에는 인간이 거주하며, 마루 밑은 가축의 공간이다. 따라서 관습가옥의 경우에는 집이 높으며 주거의 내부는 성스러운 남자의 영역과 세속적인 영역으로 명확하게 2원적 구분을 한다. 우측이 남자의 영역, 즉 성스러운 영역으로 특별한 손

그림 9 숨바섬의 전통 가옥

그림 10 취사시설이 갖춰진 전통가옥 내부

님을 대접할 때 이외에는 일상적으로는 사용되지 않는 공간이다. 또한 여자는 여기에 발을 디디는 것조차 금지되고 있다. 좌측은 여자의 영역으로 일상생활의 장소이다. 숨바섬에는 하늘로 향해 솟은 지붕 안에 선조 전래의 보물이 보관되어 특별한 날을 제외하고 지붕 밑에 오르는 것조차도 금지되었다.

9) 종교

숨바섬의 종교적 인구 구성은 2005년도의 통계에 의하면 인구의 75%가 기독교도(가톨릭 30%, 개신교 45%)이다. 기독교의 포교는 1920년 네덜란드의 프로테스탄트 교회가 포교를 시작하였으나 큰 성과를 거두지 못하다가 기독교로의 개종이 증가하는 것은 인도네시아 독립 후의 일이다.

숨바의 전통적인 종교는 마라푸Marapu로 영혼에 큰 중점을 두고 있다. 다른 종교를 가지고 있는 사람들에게도 마라푸는 생활 전통으로 크게 영향을 미치고 있다.

마라푸Marapu의 주 사상은 누구도 마라푸 명상 또는 선조의 영혼 없이는 신과 소통을 할 수 없다는 것이다. 마라푸에 대한 믿음은 행복, 평화와 번영을 이루기 위한 미시적, 거시적 세계의 조화와 관련된다. 하나님과 신과 비슷하게, 마라푸는 죽음의 영혼(Maparu Tau Meti)들과 죽음의 영혼이 아닌 근원적 영혼들(Marapu Tai Luri)을 포함한다.

마라푸와 소통하기 위한 조상 전래의 물건과 기구들은 탕구 마라푸Tanggu Marapu라고 불린다. 탕구 마라푸Tanggu Marapu는 보통 마물리mamuli, 카나타kanatar, 람바lamba와 같은 금 장신구로 이루어진다. 기도 준비에 동반되는 다른 것들은 보통 조상과 관련된 의식에 쓰이는 징, 드럼이다. 그리고 닭은 반드시 기도자를 위해 희생되어야 한다.

Ⅲ. 숨바섬의 고인돌

1. 고인돌의 분포

숨바섬의 고인돌만을 답사한 기간이 6일 동안이었기 때문에 정확한 분포를 알 수는 없지만 고인돌이 많으면서도 특이한 고인돌이 분포한 마을을 중심으로 답사하였기 때문에 숨바섬의 고인돌 분포 상황을 어느 정도는 파악할 수 있었다.[8]

숨바섬의 마을들은 우리나라와 마찬가지로 물과 먹거리를 해결하기가 비교적 쉬운 강과 바다와 가까운 곳에 위치하고 있다.<그림 11> 초기에는 마을이 주로 고산 지대에 위치하고 있었기 때문에 마을의 중심부에 있는 광장에 고인돌을 만드는 풍습이 있어서 고인돌도 고산 지대에 위치하고 있었다.[9] 초기의 마을로 꼽히는 대표적인 곳은 웅가 마을, 푸라리앙 마을, 우브발레아 마을, 와이가리 마을 등이 있다. 이들 마을은 높은 지대에 자리 잡고 있어서 식수 문제의 어려움과 농경지가 먼 것 등 살기에 불편함을 감수하고도 고산지

---

[8] 숨바섬은 위성 지도 이외에는 정확한 지도가 인도네시아에서도 나오지 않아서 순전히 발로 익힌 경험을 토대로 가종수 선생님의 안내로 이루어졌다. 안내자가 없다면 조사 및 답사가 불가능한 지역이다.

[9] 초창기의 고인돌이 고산 지대에 많이 분포했다는 점은 고조선지역(북한, 요령, 길림) 고인돌에서 평지에 위치한 것이 탁자식이 17%이고, 개석식은 9.8%로 적고(하문식, 1999, 『고조선 지역의 고인돌 연구』, 백산자료원, 176쪽), 대다수는 산마루나 산기슭·구릉지대에 분포한다는 점과, 강화도의 경우에도 평지에 위치한 것이 6%에 불과하다는 점(유태용, 2002, 「강화도 지석묘의 축조와 족장사회의 형성과정 연구」, 『박물관지』 4, 2~42쪽)에서 시사하는 바가 크다.

그림 11 숨바섬의 고인돌 답사 지역

대에 위치한 가장 큰 이유는 다른 세력과의 패권 다툼에서 방어를 용이하게 하기 위한 목적이라는 점은 쉽게 알 수 있다.<그림 12·13>

고산 지대의 마을들은 사방을 조망하기가 아주 용이한 위치이며, 적의 침입을 효과적으로 막을 수 있는 유리한 위치이기도하다. 또 이곳은 산 아래로 농경지가 한 눈에 내려다보이며, 주변에서는 접근하기가 어려운 지형이다. 특히, 푸라리앙 마을은 주변의 삼면에 물길이 지나면서도 가파른 절벽으로 이루어져서 외부 세력이 마을에 접근하기가 매우 어렵고, 마을로 들어가는 입구도 한 곳 밖에 없는 천혜의 조건을 가진 곳에 자리하고 있다.

고산 지대에 위치한 마을의 중심 부분에 주로 분포하는 고인돌은 평지 마을의 고인돌에 비하여 규모가 크지 않으며, 개석식과 탁자식 혹은 위석식 고인돌 등이 다양하게 분포하고 있으나 오랜 기간에 비하여 고인돌 숫자가 많은 편은 아니다. 규모가 크지 않은 것은 높은 지대에 위치한다는 원인도 있지만 아주 큰 것을 만드는 데 필요한 노동력의 확보에도 어려움이 있었기 때문

그림 12 높은 산에 위치한 마을

그림 13 산 위에 배치된 전통 가옥

으로 보인다. 또 다양한 형태의 고인돌이 보이는 것은 오랜 기간 동안 고인돌이 꾸준히 만들어지고 있었음은 물론이고, 강력한 중앙집권세력이 나타나지 않았음을 보여 주기도 한다.

많은 마을은 고산 지대가 아닌 평지에 위치하기도 한다. 고산 지대에서 평지로 내려온 이유는 네덜란드 지배 이후에 네덜란드인들이 이곳 주민 통제를 원활하게 하기 위하여 산 위에 있는 주민들을 평지로 내려오도록 유도하는 정책으로 평지에도 마을이 형성되었기 때문이다. 평지에 위치한 마을에도 현재와 비교적 가까운 시기의 고인돌이 다수 분포하고 있다. 평지의 고인돌은 대체적으로 고산 지대의 고인돌에 비하여 형태가 단조롭고, 규모는 고산 지대의 것에 비하여 아주 큰 것도 있다. 대표적인 곳이 카왕고·푸르레우·가뽄드·린디 마을의 고인돌이다. 고산지대에서 평지로 내려온 세력들은 네덜란드의 비호 아래 총을 가지게 하는 등 의도적으로 힘을 실어줘서 고산 지대에서 계속 생활하는 세력보다 훨씬 큰 세력을 형성할 수 있게 하였다. 큰 권력을 누리는 만큼 이에 걸맞은 커다란 고인돌을 축조하게 된 것이다. 따라서 평지에 위치한 마을의 세력이 강한 지배세력은 자기의 힘을 과시하기 위한 목적으로 커다란 고인돌을 축조하였기 때문에 고산 지대의 고인돌에 비하여 매우 큰 것은 당연한 것으로 받아들여진다.

결국 숨바섬의 고인돌은 전통 가옥이 위치한 고산 지대와 네덜란드 식민지 이후로 형성된 평지 마을 모두에 많은 양의 고인돌이 남아 있는데, 현재도 만들어지고 있다.

또, 고인돌은 마을의 중심부에 주로 위치하고 있으며, 한 마을에 많은 고인돌이 분포하고 있다면 마을의 중심부의 안쪽에 위치한 고인돌이 비교적 이른 시기에 만들어진 것이고, 그 바깥쪽에 만들어진 것은 중심부의 것에 비하여 후대에 만들어진 것으로 보인다. 최근에 만들어지는 고인돌은 마을 안쪽이 포화 상태가 되어 마을 밖에까지도 밀려나 만들고 있다.

2. 축조 시기

숨바섬의 고인돌은 지금까지 한 기도 발굴한 것이 없고, 기록으로 남겨진 것도 없어서 축조 시기를 논하기는 것 자체가 무리이다. 그러나 맑은 날에는 눈으로 볼 수 있는 가까운 거리의 플로레스섬에서 18,000년 전 호빗인의 인골이 발견된 적이 있고, 거리상으로는 숨바섬에서 매우 멀지만 50~80만 년 전 것으로 알려진 자바원인이 발견된 쟈바섬이 있기 때문에 오래 전부터 고인돌이 축조되었을 가능성은 충분히 있다고 본다.

우리나라의 고인돌 축조 연대는 일반적으로 고인돌이 권력자의 무덤이고, 권력자가 나타난 시기가 청동기시대이며, 주변에서 민무늬토기가 많이 발견되고 있다는 점에서 청동기시대라는 관점이 주류를 이루었다. 이러한 사실들을 토대로 고인돌이 만들어지기 시작한 시기도 청동기시대라는 주장이 당연하게 받아들여졌던 것이다.

그러나, 경기도 양평 양수리고인돌에서 출토된 숯의 연대측정 결과인 3,900±200bp인 점과 타제석기와 빗살무늬토기 조각이 출토되는 점 등을 근거로 신석기시대부터 만들어졌다는 주장이 제기되면서 현재 그 설득력이 점점 더 해지고 있다.

고인돌이 신석기시대부터 만들어지기 시작했을 것이라는 손진태[10]와 한흥

---

10) 손진태, 1934, 「조선 돌멘(Dolmen)고」, 『개벽』창간호, 16~26쪽 ; 1948, 「조선 (돌멘)에 관한 조사연구」, 『조선민족문화연구』, 1~41쪽.

수[11]의 주장은 과학적 근거를 가지고 시작한 것은 아니지만 근래에 와서 과학적 자료가 뒷받침됨으로써 인정을 받게 된 것이다.

과학적 자료를 근거로 고인돌이 신석기시대부터 만들어지기 시작했다고 처음 제기한 것은 이융조였다.[12] 이후 고인돌 자생설을 토대로 한 임세권[13]과 요동반도의 고인돌을 바탕으로 한 이형구[14] 등도 신석기시대 말기부터 시작되었을 것이라는 주장을 하였다. 그 뒤 박희현도 농경의 발달, 고인돌 출토 유물, 고인돌 사회, 돌널무덤과의 관계를 바탕으로 고인돌의 축조연대는 최소한 중기 신석기시대 늦은 시기까지 올라갈 수 있다고 하였다.[15] 하문식 역시 기존의 자료와 생산력의 증대 등을 바탕으로 중기 신석기시대까지 올라간다고 하였고, 하한은 초기철기시대라고 보았다.[16] 필자 역시 고인돌이 만들어지기 시작한 것은 신석기시대부터라고 주장한 바 있다.[17]

고인돌의 축조 연대 추정에 있어 규모가 큰 고인돌은 청동기시대에 만들었

---

11) 한흥수, 1935, 「조선의 거석문화연구」, 『진단학보』 3, 132~147쪽 ; 1936, 「조선의 석기문화개관」, 『진단학보』 4, 127~45쪽.
12) 이융조는 양평군 양수리고인돌 출토 숯의 연대측정 결과(박찬걸·양경린, 1974. "KAERI Radiocarbon Measurements Ⅲ" Radincarbon, 16-2, 197쪽)인 3,900±200bp.와 양평 앙덕리고인돌에서 주로 뗀석기가 출토된 점을 토대로 신석기시대 중기부터 시작되었다고 추정하였다(이융조, 1975, 「양평 앙덕리 고인돌 발굴보고」, 『한국사연구』 11, 55~99쪽 : 1981, 「한국 고고학의 연대결정에 대한 한 연구-MASCA의 방사성탄소 연대측정 해석을 중심으로-」, 『한국 선사문화-그 분석 연구』, 탐구당, 412쪽).
13) 임세권, 1976, 「한반도 고인돌의 종합적 고찰」, 『백산학보』 20, 109쪽.
14) 이형구, 1987, 「발해연안지구 요동반도의 고인돌 무덤 연구」, 『정신문화연구』 32.
15) 박희현, 1984, 「한국 고인돌 문화에 대한 고찰 - 상한연대를 중심으로-」, 『한국사연구』 46, 1~24쪽.
16) 하문식, 1985, 『우리나라 고인돌 문화의 연구-금강과 남한강 유역을 중심으로』, 연세대학교 석사학위논문.
17) 우장문, 2004, 『경기지역의 고인돌 문화 연구』, 경기대학교 박사학위논문, 286~290쪽.

다는 데에 이견이 없다. 그러나 고인돌을 만들기 시작한 시기에 대해서는 의견의 일치를 보지 못하고 있다.

인도네시아의 거석문화(고인돌)는 아시아의 중심지인 중국 남부에서 유래되어 B.C 4,000~2,500년 사이의 신석기시대 이후에 발전되기 시작하였다는 주장이 있다.[18] 숨바섬의 원주민은 수마트라와 플로레스 섬에서 이동해온 것으로 추정되고 있어서 숨바섬의 고인돌은 그 이후에 만들어진 것으로 보인다. 실제로 수마트라와 플로레스 섬에는 많은 고인돌이 분포하고 있다.<그림 14>

고인돌에는 부장품이 거의 없고, 단 한 기도 발굴이 되지 않은 상황에서 어느 시기에 만들어지기 시작했다고 단언하기는 어려운 것이 현실이다. 또, 19세기까지 강력한 세력을 가진 정치체제도 이루지 못하였고, 문자도 없었던 숨바섬의 역사를 연구하기란 여간 어려운 작업이 아니다. 최근의 역사도 구전에 의존할 수밖에 없는 상황인데 발굴이 이루어지지 않은 현 시점에서 고인돌 연대를 설정하는 것 자체가 무리라고 할 수밖에 없다. 20년 이상 이곳을 답사하면서 조사한 가종수도 기원전 10세기부터 기원전 6~5세기라고 추정할 뿐이다.[19]

이곳의 고인돌 축조시기를 가늠하기 어려운 또 하나의 이유는 고인돌을 재활용하기 때문이다. 즉, 기존에 있던 무덤에 손자를 추가 매장하는 전통과 세력이 커지면 기존에 있던 개석식 고인돌의 덮개돌 밑에 굄돌을 다시 만들어 탁자식이나 굴석식掘石式[20]으로 만들기도 하기 때문이다.

---

18) Garis Sukendar, 2004,「인도네시아의 거석문화-특징과 형태-」,『세계거석문화와 고인돌』, 사단법인 동북아시아연구소, 39쪽.
19) 가종수, 2009,『지금도 살아 숨쉬는 숨바섬의 지석묘 사회』, 북코리아, 215쪽.
20) 석주식은 돌을 사각형으로 파고 그 안에 시신을 안치하는 형식인데 변광현(2000,『고인돌과 거석문화(동아시아)』, 미리내)의 용어를 그대로 사용하였다.

그림 14 라띵가로 마을의 고인돌

시작 시기는 정확하게 알 수는 없으나, 현재 남아 있는 고인돌의 많은 수는 네덜란드와 관계를 맺기 시작한 18세기 중반 이후에 새롭게 힘을 키운 세력들에 의하여 주로 만들어졌으며, 그 이후 고인돌의 규모도 커지게 되었음을 답사를 통해서 확인할 수 있었다.

3. 고인돌의 형식

우리나라의 고인돌은 일반적으로 개석식, 탁자식, 바둑판식으로 나누고 여기에 위석식 정도를 추가한다. 물론 무덤방을 중심으로 더 세분하기도 하지만 외형적으로는 네 가지 정도로 구분하고 있다.

숨바섬의 고인돌은 무덤방 구조를 알 수는 없었지만 외관상으로만 보았을 때 우리보다 훨씬 다양한 형태의 고인돌이 만들어진 것으로 보인다. 그 이유는 이곳 고인돌은 선사시대부터 지금까지 수 천년 간 만들어져왔기 때문일 것이다. 이곳 고인돌은 개석식, 탁자식, 바둑판식, 석주식[21], 석주식과 탁자식의 혼합, 위석식, 굴석식 등 다양한 형태를 하고 있다.

개석식 고인돌의 특징은 라띵가로 마을의 해변에 있는 고인돌과 같이 맨바닥 위에 덮개돌을 덮은 것은 전형적인 개석식<그림 15>도 있으나 모든 지역에서 볼 수 있는 일반적인 형식은 아니다. 우브발레하나 웅가 마을의 경우에는 작게 부순 응회암 무더기 위에 덮개돌을 올려놓은 형태가 일반적이다.<그림16>

탁자식은 우리나라의 것과 같이 굄돌을 양쪽으로 세우고, 막음돌을 앞뒤에 놓는 형식은 없으나 우리의 탁자식 고인돌과 비슷한 형태로는 웅가 마을의 탁자식 고인돌을 꼽을 수 있다. 이 마을의 고인돌은 우리나라와 같이 굄돌 2개와 막음돌 2개로 구성되어 있는 것이 아니라 굄돌 여러 개를 이어서 세운 경우가 더 많다.<그림 17> 이 지역의 탁자식 고인돌은 대부분 고인돌에서 볼 수 있는 특징인 추가장을 하기 위하여 한 쪽을 헐어낼 수 있도록 되어 있는 것도 흔히 보인다. 탁자식은 외형적으로 굴석식과 구분하기가 힘든 경우가 많다.

대형 고인돌 중 많은 수를 차지하는 것은 석주식인데 석주식 고인돌[22]의 덮

---

[21] 석주식 고인돌에 대해서 유태용(2007, 「湖南地方 石柱式 支石墓의 構造的 性格에 대한 考察」, 『문화사학』 28)은 전라도 지역의 고인돌과 숨바섬의 고인돌의 관련성을 제기한 바 있다. 이같은 주장은 송화섭(2006, 「한반도 고인돌의 남방문화론」, 『한민족연구』 1호)도 주장한 바 있다.
[22] 인도네시아의 석주식은 기둥 모양의 굄돌이 작은 규모에는 4개가 있고, 규모가 큰 것은 여섯 개로 이루어지는 것이 일반적이며, 시기는 일반적으로 떨어지는 것으로 보인다.

그림 15 라띵가로 마을의 개석식 고인돌

그림 16 웅가 마을의 개석식 고인돌

그림 17 웅가 마을의 탁자식 고인돌

그림 18 라이따룽유적의 석주식 고인돌

개돌은 무덤의 지붕 역할을 한다. 그 아래에는 돌관무덤 형식의 구조물을 만들고 주검을 안치한 것이 특징이다.<그림 18> 즉 덮개돌로 지붕을 만들고 지붕 아래에 다시 작은 무덤구조를 만든 것으로 이해하면 된다. 커다란 석주식의 고인돌 아래에는 돌관무덤이 세 기가 만들어진 것도 있다.

석주식과 탁자식 고인돌이 혼합된 형태도 보인다. 이 고인돌은 네 모퉁이에 돌기둥을 세우고 그 사이를 반듯한 돌로 막은 형태로 푸라리앙 마을에서 볼 수 있었다. 덮개돌 주변을 여러 개의 판돌로 돌아가면서 막은 위석식 고인돌 역시 푸라리앙 마을에 있다.

최근에 만들어진 고인돌의 대부분은 굴석식인데, 이는 커다란 돌감에 상자 모양으로 사각형의 홈을 파고 시체를 매장한 후 덮개돌을 덮는 형태이다. 매장부를 파는 이유는 응회암을 이용해서 무덤방을 만들기 때문에 파내기가 쉬운 것이 그 이유인 것으로 보인다. 이 형태는 여러 곳에서 발견되는데 특히 라띵가로 마을의 굴석식 고인돌에서는 인골을 직접 목격할 수도 있었다.<그림 19>

여러 가지 형식이 숨바섬에 산재하고 있으나 초기에 만들어진 형식은 개석식으로 추정된다. 그 이유는 초기에 형성된 마을로 꼽히는 웅가 마을의 고인돌과 푸라리앙 마을에는 덮개돌 아래에 작은 돌들이 깔린 개석식 형태의 고인돌이 많이 남아 있기 때문이다. 특히 라띵가로 마을은 해일로 인하여 마을의 위치가 해변에서 내륙지역으로 몇 백 미터 뒤로 옮겨지게 되는데, 옮기기 전의 마을 터에는 개석식 고인돌이 다수 분포하고 있으나, 이동한 후에 만들어진 현재의 마을에는 주로 탁자식이나 굴석식이 분포하기 때문이다.<그림 20>

현재 숨바섬에서 만들어지는 고인돌은 무덤 벽에 타일을 붙이기도 하고<그림 21>, 십자가와 들소 등의 모습을 만들거나 새기기도 하며, 신식재료인 시멘트로 고인돌의 굄돌과 덮개돌을 만드는 경우가 늘어나고 있다.

그림 19 라띵가로 마을의 상자식 고인돌

그림 20 옮기기 전의 위치에 있는 개석식 고인돌

그림 21 최근에 만들어진 파승가 마을의 고인돌

4. 고인돌 사회의 복원

1) 머리 방향

우리나라의 경우는 지형적인 조건에 따라 머리 방향이 정해지는 경우도 많지만 강을 끼고 있는 경우에는 강물의 흐름과 나란한 것이 일반적으로 알려져 있다.[23] 그러나 숨바섬은 우리나라의 고인돌과는 차이가 있는 것으로 보인

---

23) 이융조, 1981, 「한국 고인돌사회와 그 의식(儀式)-발굴결과를 통한 복원해석의 한 시도-」,

그림 22 플로레스섬의 고인돌

다. 숨바섬의 사람들은 처음 이곳으로 이주한 선조들이 숨바섬의 북쪽에 위치한 플로레스 섬에서 왔다고 생각하고 있다. 실제로 날씨가 좋은 날은 숨바섬에서 보이는 거리에 위치한 섬이라서 이동이 충분히 가능하다고 생각한다. 또, 숨바섬의 북쪽에 해당하는 플로레스섬의 남쪽 해변에는 고인돌이 많이 발견되고 있어 그 가능성은 매우 높다.<그림 22> 따라서 고향에 대한 그리움과 조상이 살았던 북쪽을 향하여 머리 방향을 하도록 했다는 주장은 충분히 설득력이 있을 것으로 보인다. 실제로 오래된 마을의 고인돌은 머리 방향이 북

『한국의 선사문화-그 분석연구』, 탐구당, 375~377쪽.

쪽인 경우가 가장 많았다. 그러나 시간이 흐르면서 고인돌을 마을 중앙에 원형으로 배치하기도 하고, 마을 밖에 축조하기도 하면서 방향을 의식하지 않고 만들어진 고인돌이 최근에는 많이 보인다.

2) 고인돌 만들기

고인돌을 만드는 과정에서 가장 어려운 것은 무거운 덮개돌을 떼어내는 과정과 옮기는 방법일 것이다. 이 문제에 대해서는 이미 여러 학자들의 연구가 있었다.[24]

떼어내기에 대해서는 손진태[25], 최몽룡[26], 許玉林[27]이 방법을 제시한바 있고, C. F. Erasmus에 의한 실험고고학에 따르면 한 사람이 하루에 1.5톤 정도의 돌을 떼어낼 수 있다고 하였다.[28]

떼어낸 돌에 대한 운반에 대해서도 국내외 학자들이 여러 가지 방법을 제시하고 있다.

손진태는[29] 지렛대식 · 목도식 · 끌기식을, Hawkins는[30] 지렛대와 끌기식의 혼합 방법을 주장했고, Coles는[31] 종합적인 방법을 제기했었다.

---

24) 고인돌의 축조에 대해서는 하문식(2003, 『연천지역 고인돌 유적』, 74~77쪽)의 내용을 많이 인용하였다.
25) 손진태, 1948, 『조선민족문화의 연구』, 29~30쪽.
26) 최몽룡, 1973, 「원시채석문제에 대한 소고」, 『考古美術』 19, 18~21쪽.
27) 許玉林, 1994, 『遼東半島石棚』 69.
28) Erasmus, C. F., 1977. "Monument Building : Some Field Experimentss" Experimental Archaeology Ingersoll, J. E. and W. M. Yellen eds, 64~66쪽.
29) 손진태, 1948, 『조선민족문화의 연구』, 29~30쪽.
30) Hawkins, G. S., 1965. Stonehenge Decoded, 63~73쪽.
31) Coles, J., 1973. I Archaeology by Experiment, 234~236쪽.

덮개돌의 운반 방법에 관한 연구는 다시 운반에 필요한 노동력을 계산하는 쪽으로 발전하였다. 이에 관한 연구는 Atkinson,[32] Hawkins,[33] Coles,[34] Wernick,[35] Mohen[36] 등이 진행하였다. 덮개돌의 운반에 대해서는 이융조[37]·임세권[38]·최몽룡[39]·지건길[40]·하문식[41] 등도 연구 결과를 발표했다. 이론에 그치지 않고 목포대학교 박물관에서는 통나무와 밧줄을 이용하여 실제적으로 사람들을 동원하여 끌기식을 실험한 결과 한 사람이 100kg을 옮길 수 있다는 실험 결과를 내놓기도 하였다.[42]

최근에는 고인돌의 운반에 관한 방법에 원격탐사(RS)와 지리정보시스템(GIS) 분석방법 등 과학적인 방법을 활용하여 연구의 새로운 장을 열기도 하였다.[43]

우리나라의 연구자들은 탁자식 고인돌을 만들 경우 굄돌을 먼저 세운 후

---

32) Atkinson, R. J., 1961. "Neolithic Engineering" Antiquity 35, 293쪽.
33) Hawkins, G. S., 1965. Stonehenge Decoded, 62~74쪽.
34) Coles, J., 1973. Archaeology by Experiment, 82쪽.
35) Wernick, R., 1973. The Monument Builders, 125쪽.
36) Mohen, J. P., 1980. "La construction des dolmens et menhirs au Nolithique" Dossiers de L'archeologie 46, 66쪽.
37) 이융조, 1975, 「양평 앙덕리 고인돌 발굴보고」, 『한국사연구』 11, 65쪽.
38) 임세권, 1976, 「한반도 고인돌의 종합적 검토」, 『백산학보』 20, 89~92쪽.
39) 최몽룡, 1977, 『나주보산리 지석묘발굴조사보고서』, 13쪽.
40) 지건길, 1983, 「지석묘사회의 복원에 관한 일고찰」, 『梨大史學研究』 13·14, 4~5쪽.
41) 하문식, 1997, 『동북아세아 고인돌문화의 연구-중국 요동지방과 서북한지역을 중심으로-』, 숭실대학교 박사 학위논문, 154~155쪽.
42) 최성락·한성욱, 1989, 「지석묘 복원의 일례」, 『전남문화재』 2, 17~19쪽(이 글에 근거하여 이 글에서는 1톤을 옮기는데 10명이 필요한 것으로 계산하였다.).
43) 하문식·김주용, 2001, 「고인돌 덮개돌 운반에 대한 연구」, 『한국상고사학보』 34, 53~80쪽 : 김주용 외, 2003, 「연천지역 제4기 지질조사 및 고인돌 조사연구」, 『연천지역 고인돌 유적』, 261~277쪽.

그 주변에 흙 언덕을 만들어 덮개돌을 굄돌 위로 옮겨 만들었을 것이라는 주장이 일반적이다.

그러나 숨바섬의 고인돌은 돌감을 떼어내는 방법이나 덮개돌을 이동시키는 방법과 굄돌 위로 올리는 방법은 우리의 생각과는 다른 점이 발견되었다.

먼저 돌감을 떼는 방법은 우선 우리나라의 화강암에 비하여 무른 응회암 계통이라서 떼어내는 데 크게 어렵지는 않아 보였다. 와인야쁘 마을 해변에서 목격한 덮개돌의 돌감은 손톱으로 긁으면 긁히는 무른 돌감이었다. 돌감을 떼어낸다고 하기 보다는 건조하고 단단한 흙을 간단한 도구를 이용해서 일정한 두께로 잘라낸다는 표현이 알맞을 정도로 보였다.<그림 23> 따라서 무게도 우리나라의 덮개돌만큼 무겁지 않아서 운반하는 과정에서 동원되는 인력이 그만큼 적을 것이고, 크기 역시 보통 2m 남짓해서 무게가 많이 나가지는 않을 것으로 생각된다.

이동 시에는 나무를 많이 이용한다는 특징이 있다. 운반 시에는 수라[44]와 통나무를 주로 이용한다. 바퀴 역할을 하는 통나무 위에 세로로 수라를 놓고 그 위에 떼어낸 덮개돌을 올린 후 밧줄을 당겨서 운반하는 것이다.<그림 24> 수라의 머리 부분과 중간 중간에는 끌기에 필요한 밧줄 등을 끼울 수 있는 구멍을 뚫었다. 이와 비슷한 수라는 일본에서도 발견되어 일본 문화와의 교류 가능성을 높게 하였다.[45]

와인야쁘에서 덜 만들어진 고인돌을 통해서 알게 된 것은 일반적으로 생각

---

[44] 수라의 이용은 덮개돌의 이동을 용이하게 하는데 매우 편리한 역할을 하는 도구로 생각되어 우리나라에서도 사용 여부를 논의해 보아야 할 것으로 본다.
[45] 吉田裕彦, 2009, 「동숨바섬의 거석문화-1975년에 진행된 돌 끌기 행사-」, 『지금도 살아숨 쉬는 숨바섬의 지석묘 사회』, 306~306쪽.

그림 23 와인야쁘 마을의 채석장

하는 방법과는 다른 방법으로 덮개돌을 올리는 방법이 있다는 사실이다. 즉 우리는 굄돌을 세우고 그 주변에 흙 언덕을 만든 후 덮개돌을 밀고 당기면서 위로 올리는 방법을 일반적으로 생각을 해왔다. 그러나 이곳에서는 먼저 굵은 통나무를 이용하여 일정한 높이의 구조물을 만들고, 그 위로 덮개돌을 올리는 방법을 사용하는 것을 목격할 수 있었다.<그림 25> 이미 만들어진 통나무 구조물에 다른 나무를 걸쳐서 경사를 만들고 그 위로 덮개돌을 올리는 것이다. 통나무 구조물 위에 덮개돌을 올려놓은 후에는 벽돌 모양으로 깬 돌과 시멘트를 이용하여 굄돌 역할을 하는 무덤방을 만들었다. 굄돌을 먼저 만들고 덮개돌을 올린다는 우리의 일반적인 상식과 다른 순서로 만드는 것이 특징이다.

그림 24 와인야쁘 마을에 남아 있는 수라의 일부

그림 25 와인야쁘 마을의 고인돌 만드는 장면

3) 장례 풍습

숨바섬의 장례 풍습에서 특이한 점은 웅장한 고인돌을 만들 경우 4~5년 정도의 기간이 소요된다는 것이다. 거대한 고인돌을 만들 자금이 준비될 때까지는 장례를 치르지 못하기 때문이다. 물론 기존의 고인돌에 추가장을 하는 경우는 예외이다. 고인돌을 만드는 과정에는 많은 인력이 동원되는 데 그 기간 동안에는 주검을 옷감으로 싸서 초장草葬을 하거나, 관에 넣었다가 고인돌을 만들 자금이 준비되면 그때부터 주변 사람들에게 알리고 장례 지낼 준비를 하는 것이다.

장례 풍습 중 특이한 것은 추가장을 하는 것이 보편화되어있다는 점이다.<그림 26·27> 추가장의 경우 할아버지의 무덤에 손자가 들어가는 것이 일반적이다. 그러나 권력이나 부가 축적되면 고인돌을 재활용하지 않고 새롭게 만드는 경우도 많다. 그래서 고인돌의 숫자가 많이 늘어나는 것이다. 또 기존의 무덤에 큰 굄돌을 다시 만들어 크게 보이게 하기도 한다. 권력자의 무덤을 만들 때에는 순장을 했었다는 전언이 있으며, 순장이 사라진 후에는 장례를 지낸 뒤 물소를 고인돌 주변에서 도살하는 것으로 전통을 이어가고 있다. 장례 비용이 과도하게 지출되어 장례 후에는 후손들이 어려운 생활을 하기도 하지만 무리하게 큰 고인돌을 만드는 이유는 크게 만들수록 조상을 위한다는 생각이 일반화되었기 때문으로 생각된다.

고인돌의 규모는 강력한 세력을 가졌거나 재산이 많은 사람들은 커다란 고인돌을 축조했음을 알 수 있었다. 그러나 대형 고인돌의 대다수는 네덜란드 지배 이후에 만들어진 것들이고 이들이 초기부터 만들었던 고인돌은 대개 2m 내외의 작은 크기였다. 그리고, 최근에 만들어진 고인돌이 마을의 중심부에 도열해 있는 린디 마을의 경우 왕족의 고인돌 규모는 매우 크고 웅장했으나<그

그림 26 네 명이 합장된 가부가르띠 마을의 고인돌

그림 27 고인돌에 합장된 뼈들의 모습

림 28> 이곳에서 가까운 지역에 있는 평민의 무덤은 매우 간단하고 작게 만들어져 있어서<그림 29> 고인돌의 크기가 부와 상관 관계가 있음을 알 수 있다.

4) 고인돌의 용도

우리나라에서는 고인돌 대부분이 무덤의 용도로 만들었다는 점은 일반적으로 대부분 인정한다. 다만 고창 도산리고인돌, 강화 부근리고인돌 등 일부 지역의 고인돌은 무덤보다는 제단의 용도로 보는 견해가 많다.[46] 그런데 답사가 이루어진 숨바섬의 고인돌은 제단이나 묘표석 등으로 만들어진 것은 한 기도 없었다. 모두 매장을 위하여 만들어진 무덤의 용도였다.

숨바섬은 제단용 고인돌은 만들지 않고 대신 마라푸라고 하는 신당이 마을의 중심부에 고인돌과 어우러져 있다.<그림 30> 특히 타룽 마을에는 마라푸 신당을 두 곳에서 찾아볼 수 있었다. 마라푸는 현재 인도네시아에서 공식적으로 인정하는 종교는 아니지만 그들의 시조와 조상의 영혼이 머무는 장소라고 믿는 성스러운 곳으로 매우 소중한 장소로 취급되고 있다. 마라푸의 집 안에는 금, 은, 마물리(귀걸이 장식으로 풍요를 상징한다.), 금속제 장식품 등이 보관되어 있다.

마라푸 신당이 고인돌 광장에 함께 위치한다는 점은 제단용 고인돌이 존재하지 않음을 뒷받침하기도 하고, 제단이나 기타 용도로 만들어진 고인돌은 없었을 것이라는 점을 알 수 있도록 하는 요소이기도 하다.

---

46) 이융조·하문식, 1989, 「한국 고인돌의 다른 유형에 관한 연구 - '제단고인돌' 형식을 중심으로 - 」, 『동방학지』 63, 29~66쪽 : 이영문, 1993, 『전남지방 지석묘 사회의 연구』, 한국교원대학교 박사학위논문 : 하문식, 1999, 『고조선 지역의 고인돌 연구』, 백산자료원.

그림 28 린디 마을의 왕족 무덤

그림 29 린디 마을 인근의 평민 무덤

그림 30 고인돌과 어우러진 타롱 마을의 마라푸 신당(가운데 움집 모양)

Ⅳ. 맺음말

　숨바섬의 고인돌은 선사시대부터 만들어지기 시작한 것으로 추정되며, 현재도 계속 만들어지고 있다. 고인돌은 강 주변이나 바닷가를 중심으로 형성된 마을 광장을 중심으로 수천기의 고인돌이 분포하고 있다. 숨바섬에 분포하는 고인돌에서 보이는 특징을 다음과 같이 요약할 수 있다.

　1. 초기에 만들어진 고인돌은 고산지대에 주로 분포하고 있다. 고산지대에 분포한 이유는 세력 다툼에서 방어가 유리한 고산지대에 초기의 마을이 형성

되었기 때문이다.

2. 고인돌 형식은 개석식, 탁자식, 위석식, 바둑판식, 석주식, 굴석식, 석주식과 탁자식의 혼합 등 다양하다. 초기에 만들어진 형식은 개석식이었던 것으로 생각되며 최근에 만들어지고 있는 고인돌의 형태는 전통적인 형식을 넘어서 화려하게 만들려는 경향이 강하다. 특히 거대한 석주식 고인돌은 덮개돌을 굄돌로 떠받치고, 그 아래에 두 세 개의 석관형 무덤을 만든 특이한 형태이다.

3. 고인돌의 규모는 고산지대보다는 평지에 위치한 것이 크다. 그 이유는 네덜란드가 지배한 이후에 평지로 내려와 권력을 잡은 세력가들이 그들의 힘을 보여주기 위하여 거대한 고인돌을 만들었기 때문이다.

4. 고인돌의 머리 방향은 숨바섬 사람들의 선조들이 건너온 곳으로 생각하는 플로레스 섬 쪽을 향하는 북향이 많으나 최근에 만들어지는 고인돌은 이를 따르지 않는 경우도 많다.

5. 고인돌의 덮개돌과 굄돌은 수라 위에 얹어 이동시킨다. 수라 아래에는 통나무를 깔아서 바퀴역할을 하게하여 이동을 용이하게 하며, 수라와 덮개돌에 끈을 묶어서 이동 시킨다.

6. 대규모의 고인돌을 새로 만드는 경우에는 4~5년이 소요되기도 하지만 손자가 할아버지 묘에 합장이 되기도 하고, 세력이 커지면 기존에 있던 고인돌을 대규모로 다시 만들기도 하기 때문에 고인돌의 축조 연대를 추정하는데 많은 어려움이 있다.

7. 대규모의 고인돌을 만들 때에는 노예를 순장하는 풍습이 있었다고 하나 지금은 무덤을 만들면서 물소를 희생시키는 것으로 대신하고 있다.

8. 고인돌 광장에는 조상신을 모시는 마라푸가 만들어져 지금도 많은 사람들이 숭배하고 있고, 고인돌이 무덤 이외의 용도로 만들어진 것은 발견되지 않는다.

【참고문헌】

가종수, 2009, 『지금도 살아 숨쉬는 숨바섬의 지석묘 사회』, 북코리아.

김병모, 1980, 「쟈바島의 巨石文化」, 『韓國考古學報』 8.

김병모, 1981, 「한국거석문화 원류에 관한 연구(Ⅰ)」, 『韓國考古學報』 10·11.

김주용 외, 2003, 「연천지역 제4기 지질조사 및 고인돌 조사연구」, 『연천지역 고인돌 유적』.

박찬걸·양경린, 1974. "KAERI Radiocarbon Measurements Ⅲ" Radincarbon, 16-2.

박희현, 1984, 「한국 고인돌 문화에 대한 고찰 - 상한연대를 중심으로-」, 『한국사연구』 46.

변광현, 2000, 『고인돌과 거석문화(동아시아)』, 미리내.

손진태, 1934, 「조선 돌멘(Dolmen)고」, 『개벽』 창간호, 16~26쪽

손진태, 1948, 『조선민족문화의 연구』.

송화섭, 2006, 「한반도 고인돌의 남방문화론」, 『한민족연구』 1호.

우장문, 2006, 『경기지역의 고인돌 연구』, 학연문화사.

유태용, 2002, 「강화도 지석묘의 축조와 족장사회의 형성과정 연구」, 『박물관지』 4.

유태용, 2007, 「湖南地方 石柱式 支石墓의 構造的 性格에 대한 考察」, 『문화사학』 28.

이영문, 1993, 『전남지방 지석묘 사회의 연구』, 한국교원대학교 박사학위논문.

이융조, 1975, 「양평 앙덕리 고인돌 발굴보고」, 『한국사연구』 11.

이융조, 1981, 「한국 고고학의 연대결정에 대한 한 연구-MASCA의 방사성탄소 연대측정 해석을 중심으로-」, 『한국 선사문화-그 분석 연구』, 탐구당.

이융조, 1981, 「한국 고인돌사회와 그 의식(儀式)-발굴결과를 통한 복원해석의 한 시도-」, 『한국의 선사문화-그 분석연구』, 탐구당.

이융조 · 하문식, 1989,「한국 고인돌의 다른 유형에 관한 연구 - '제단고인돌' 형식을 중심으로 - 」,『동방학지』63.

이형구, 1987,「발해연안지구 요동반도의 고인돌 무덤 연구」,『정신문화연구』32.

임세권, 1976,「한반도 고인돌의 종합적 고찰」,『백산학보』20.

지건길, 1983,「지석묘사회의 복원에 관한 일고찰」,『梨大史學硏究』13 · 14.

최몽룡, 1973,「원시채석문제에 대한 소고」,『考古美術』19.

최몽룡, 1977,『나주보산리 지석묘발굴조사보고서』.

최성락 · 한성욱, 1989,「지석묘 복원의 일례」,『전남문화재』2.

하문식, 1999,『고조선 지역의 고인돌 연구』, 백산자료원.

하문식, 2003,『연천지역 고인돌 유적』.

하문식 · 김주용, 2001,「고인돌 덮개돌 운반에 대한 연구」,『한국상고사학보』34.

한흥수, 1935,「조선의 거석문화연구」,『진단학보』3,

한흥수, 1936,「조선의 석기문화개관」,『진단학보』4,

吉田裕彦, 2009,「동숨바섬의 거석문화-1975년에 진행된 돌 끌기 행사-」,『지금도 살아숨쉬는 숨바섬의 지석묘 사회』, 306~306쪽.

許玉林, 1994,『遼東半島石棚』69.

Agus Aris Munandar, 2007,「인도네시아의 고인돌과 거석문화의 연속성」,『아시아 거석문화와 고인돌』, 동아시아지석묘연구소.

Atkinson, R. J., 1961. "Neolithic Engineering" *Antiquity* 35.

Coles, J., 1973. *I Archaeology by Experiment*.

Erasmus, C. F., 1977. "Monument Building : Some Field Experimentss" *Experimental Archaeology Ingersoll*, J. E. and W. M. Yellen eds.

Garis Sukendar, 2004, 「인도네시아의 거석문화-특징과 형태-」, 『세계거석문화와 고인돌』, 사단법인 동북아시아연구소.

Haris Sukender, 2004, 「인도네시아의 거석문화-특징과 형태-」, 『세계 거석문화와 고인돌』, 동아시아지석묘연구소.

Hawkins, G. S., 1965. *Stonehenge Decoded.*

Mohen, J. P., 1980. "La construction des dolmens et menhirs au Nolithique" *Dossiers de L'archeologie* 46.

Wernick, R., 1973. *The Monument Builders.*